만화로 보는
이단 예방

만화로 보는
이단 예방

현 대 종 교

현대종교 선언

1. 「현대종교」는 국내외 기독교계 신흥종교운동 및 이단사이비운동에 대한 신속 정확하고 공신력 있는 정보를 교회와 사회에 제공함으로써, 종교문제의 예방 및 재발방지를 돕는다. 이를 위해, 피해자, 피해자의 가족 및 친구, 교회, 교단, 정부사회기관, 학교 및 연구기관, 언론매체 등이 필요로 하는 연구결과를 제공한다.

2. 「현대종교」는 국내외 관련분야 연구자 및 연구단체들과 정보교류 및 인적교류를 통해 상호 협력함으로써 국제적 차원에서의 종교문제에 대한 효과적 대응 및 지속적인 상호 발전을 도모한다.

3. 「현대종교」는 각종 종교문제의 상담 및 해결을 요청받을 경우 필요한 상담과 자료를 제공하며, 정보제공 및 상담과 관련한 모든 내용에 관한 비밀을 지킨다. 또한 필요할 경우 전문가 및 단체와 연결해주며, 동일한 종교문제로 다수의 피해자가 발생할 경우 관련 피해자들이 상호 연대하여 문제를 해결해 나아갈 수 있도록 돕는다.

4. 「현대종교」는 종교문제 예방 및 대처에 관심이 있는 모든 이들의 참여를 환영하며 개인, 교회 및 정부사회단체 등의 적법한 후원금을 받는다. 단 연구대상 개인 및 단체로부터의 후원금은 일체 수수하지 않는다.

차 례

한국 이단_ 11

웃기는 소리_ 13
피해자의 눈물_ 18
영구직 총회장_ 23
ASEZ_ 28
이단! 유럽까지 진출하다!_ 33
한 사람_ 38
통일교의 집안 싸움_ 43
남태평양의 비명소리_ 48
거짓말 교주_ 53
이실직고 하지_ 58
이단 현장을 가다!_ 63
지방교회가 알고 싶다_ 68
질병을 주는 귀신아! 가라!_ 73
막아라! 한국 이단!_ 78

중국 이단_ 83

빠지면 약도 없다!_ 85
전능신교를 경계하라_ 90
무서운 이단_ 95
속으면 약이 없다_ 100
나는 악마를 보았다!_ 105
추적, 교주 60분_ 110
무서운 사교조직! 파룬궁!_ 115

일본 이단_ 121

살인종교, 옴진리교_ 123
오오모토_ 128
무서운 미니컬트_ 133

미국 이단_ 139

수상한 종교_ 141
투표하지 않는 종교_ 146
비양심적 병역거부_ 151
나 몰라라_ 156
몰몬교, 진리가 아니다!_ 161

이단 현황과 대처_ 167

이단 바이러스 막는 예방주사_ 169
이단의 전략 전술_ 174
위장 포교, 나빠요!!!_ 179
대학가 이단, 그것이 궁금하다_ 184
안녕하세요 교주님_ 189
여성이단 전성시대_ 194
이단 대물림_ 199
돈이면 다 되는 세상_ 204
이런 언론이 좋아?_ 209

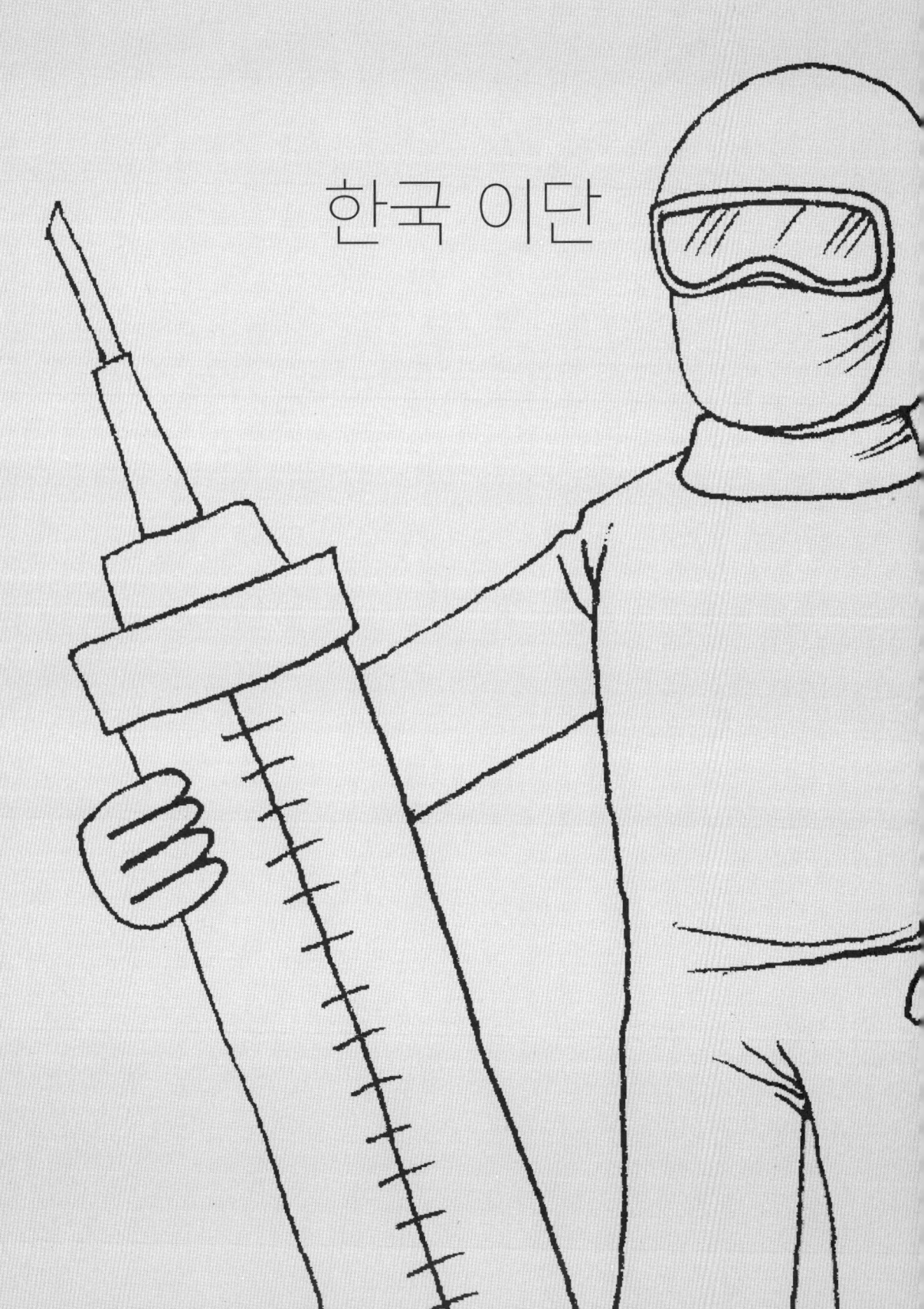

한국 이단

웃기는 소리

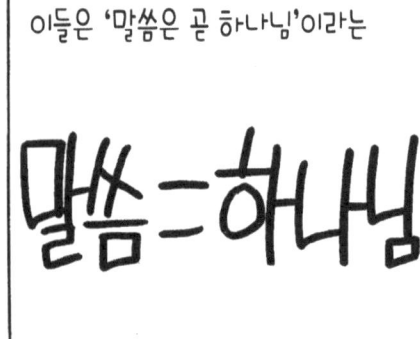

피해자의 눈물

신천지에 빠진 동생을 찾기 위해 대구지역에서 고군분투 중인 이현대 전도사.

서울·경기지역처럼 피해자들이 연대해 신천지 문제를 대처하는 모임이 활성화되어 있지 않아 이 전도사 가족의 시위는 늘 외롭다.

주여!

교회 밖 성경공부 하지 마세요!

그러나 지방의 한계라는 핑계로 대처 활동을 게을리 한다면 나와 같은 피해자들이 계속해서 생겨난다는 생각에 포기할 수 없었다.

아직 사랑하는 동생을 되찾지 못했지만, 끊임없이 두드리면 꼭 돌아올 것이라 확신하며 오늘도 확성기와 피켓을 챙긴다.

교회밖 성경공부 하지 마세요! 사이비 신천지에 빠집니다!

어느 날 여동생이 신천지에 빠졌다는 사실을 알게 되었다.

신천지 센터에 간다는 교회 사람들의 제보와 추궁이 이어지자 결국 동생은 가족들에게 실토하게 되었다.

사실이야.

동생은 부모님과 오빠에게 아직 출석한 지 얼마 안 되었고

나 이제 시작이야.

조금만 더 다니면서 모순된 부분을 확인하고 스스로 나오겠다고 설득했다.

너무 걱정 마세요.

평소 신앙 생활을 잘해왔고 교회 사역도 열심히 감당해 왔던 딸이자 동생이었기에 가족들은 믿어 주기로 했다.

그래. 좋아! 빨리 그만 두고 나와.

그러나 시간이 흐를수록 동생은 신천지 교리에 심취해갔다.

동생이 신천지 활동에 더욱 집중하게 되자 포항지역에서 목회를 하셨던 부모님은 사역을 정리하셨다.

주님!

이 전도사와 부모님은 동생과 함께 고향 땅인 대구로 돌아오게 되었다.

빨리 가자.

포항
대구

이후 신천지 상담소를 찾아다니며 동생이 회심할 수 있도록 계획했다.

상담소를 찾아봐!

그러나 대구지역엔 신천지 회심 전문 상담소가 없었다.

이런! 상담소가 없어.

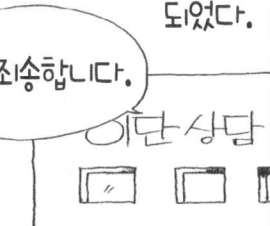

전국에 있는 상담소의 문을 두드렸지만 이미 일정이 가득 차 있어 상담은 더디게 진행되었다.

죄송합니다.

이단 상담

어렵게 상담 일정을 잡더라도 신천지 교리에 세뇌된 동생이 계속해서 상담을 거부해 금방 종료되기 일쑤였다.

난 상담받기 싫어.

엎친 데 덮친 격으로 상담 종료 이후 동생은 집을 나갔고 대구지역에 있는 신천지 센터를 전전하며 생활했다.

집에서 못 살 것 같아.

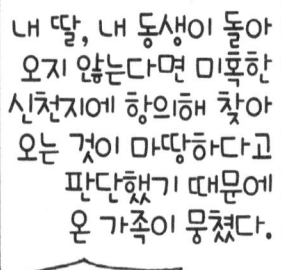

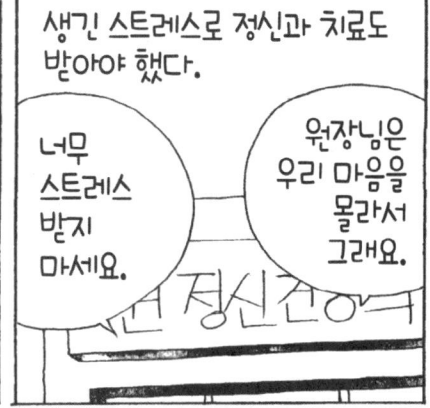

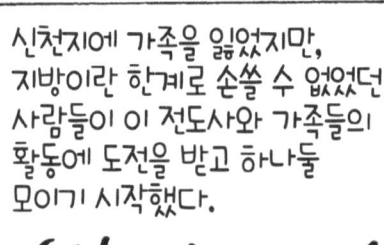

영구직 총회장

지금의 하나님의교회는 안상홍 씨 생존 당시 하나님의교회에서 믿고 있던 교리와는 큰 차이를 보인다.

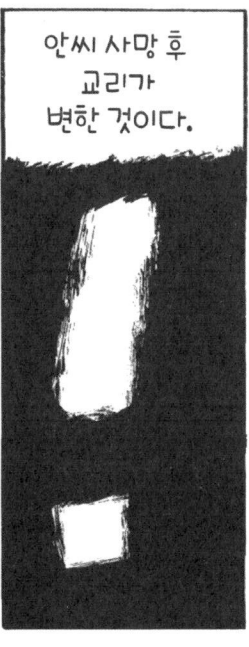

안씨 사망 후 교리가 변한 것이다.

바뀐 하나님의교회 모습에 대해 알아보겠습니다.

안씨 생존 당시 하나님의교회에서 가장 성경 실력이 뛰어난 사람은 이모씨로 알려졌다.

당시 하나님의교회에서 안씨 다음의 핵심적인 인물로

김주철씨와 장길자씨를 포교해서 가르친 사람이다.

이모씨를 비롯해 김주철씨와 그의 형 김모씨, 주 장로가 중심적인 역할을 했던 사람이다.

이모씨, 김주철씨를 포함해

친인척, 지인이 얽혀서 7~8명이 실세를 이루었다고 전해진다.

안씨 사망 후 서울 하나님의교회 성도들은 부산 하나님의교회로 내려와

김주철씨가 안씨의 대례복을 입은 사진과 안씨와 장길자씨의 결혼사진을 보여주고

김주철씨는 총회장

장길자씨는 신부라고 했다.

하지만 그 사진은 합성사진 이라는 견해가 지배적인데

합성인거 같은데···

김주철씨측은 사진의 진실여부에 대해 명백하게 증명하고 있지 않다.

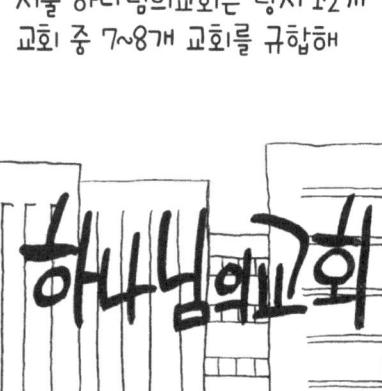
서울 하나님의교회는 당시 12개 교회 중 7~8개 교회를 규합해

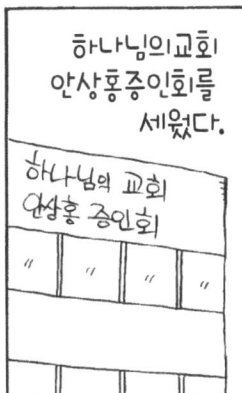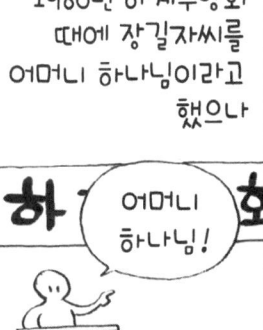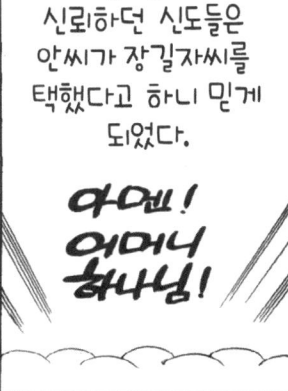

2012년 종말을 예견한 책이 이미 1985년에 완성되었는데

1988년이 지난 후에 그 책을 공개한 이유는 무엇일까?

신랑이 더디오 므로 다졸며 잘새

안씨의 종말주장의 실패에도 김주철씨는 과연 안씨를 믿을까?

하나님의교회 정관을 보면 제28조에 총회장에 대한 설명이 있다.

총회장은 어머니를 보좌하며 대외적으로 하나님의교회를 대표하고, 하나님의교회를 지휘, 운영해 나가는 책임자이다.

또 총회장은 이렇게 나와 있다.

성령 안상홍님께서 세우신 김주철님 이시며 영구적이다.

총회장의 직무는 모든 회의의 의장, 최고책임자

성도들의 헌금, 출연금품, 기부금 및 찬조금, 기타 수입금 등 총회가 관리하는 자산에 대한

최고책임자, 정관 및 재규정의 최종해석권자

성도 권징의 최고결정권자, 하나님의교회 총회, 운영부서 및 모든 지역 교회를 통괄하는 최고책임자라고 규정되어 있다.

○○○은 출교!

영구직에 모든 것의 최고책임자로서 하나님의교회를 좌지우지하는 인물임을 알 수 있다.

이사들도 대부분 김주철씨의 친인척 및 친구 등 지인들로 구성되어 있다고 알려졌다.

우리들은 한식구!

안씨의 사망 후 20대 중반의 젊은 나이에 총회장이 된 김주철씨

장길자씨의 신격화나 우상화를 하지 않겠 다는 약속은 지켜지지 않았고

어머니 하나님 입니다!

안상홍 하나님, 장길자 어머니 등 새로운 교리를 만들어 지금의 하나님의교회를 세웠다.

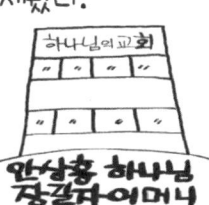

총회장직이 영구직이며 모든 하나님의교회 관련된 것에 최고 책임자인 김주철씨의 절대권력이 점점 강해지고 있다.

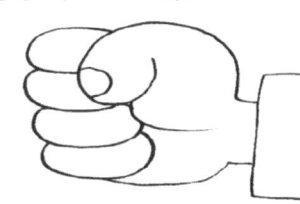

ASEZ

하나님의교회 대학생 봉사단의 활동이 시작됐다.

하나님의교회 신도들이 봉사활동을 통해 포교하는 것처럼

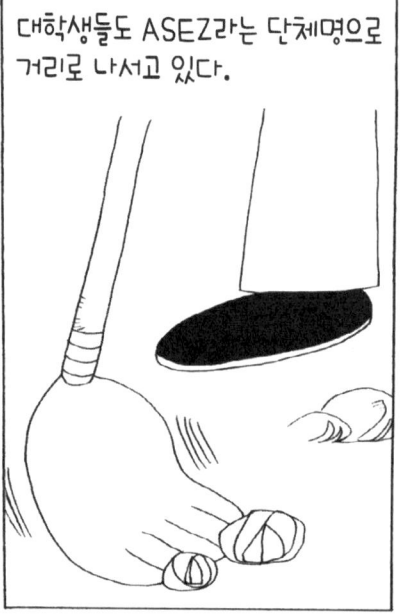

대학생들도 ASEZ라는 단체명으로 거리로 나서고 있다.

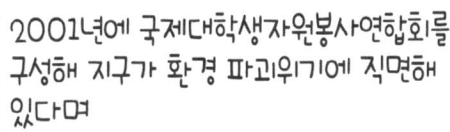

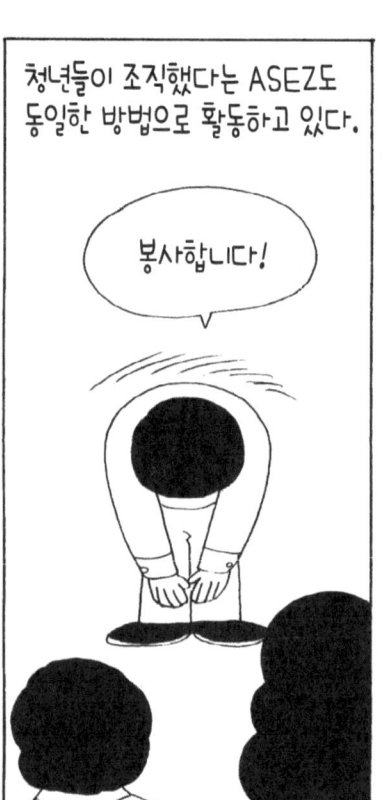

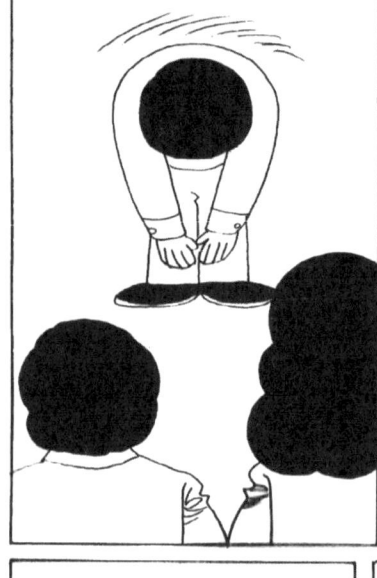
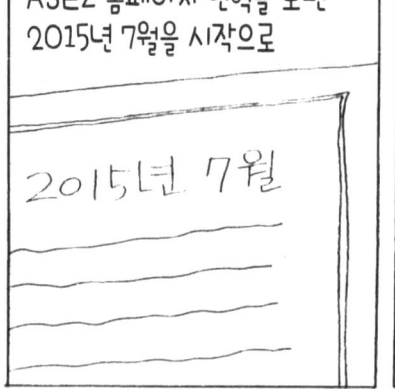

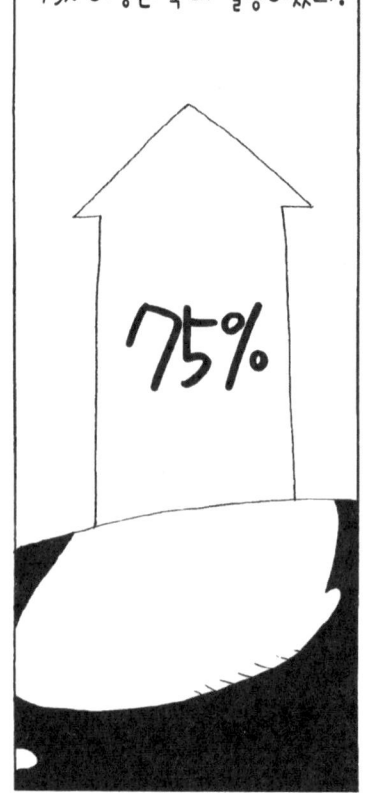

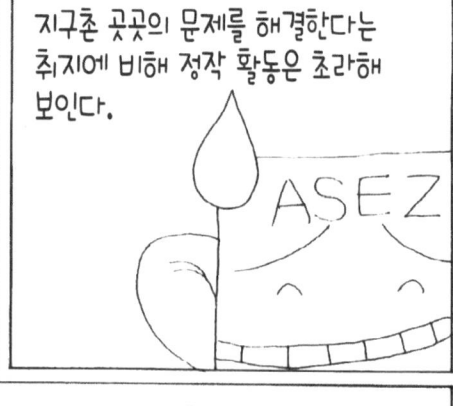

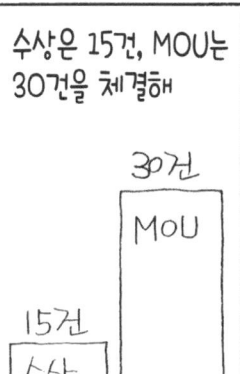

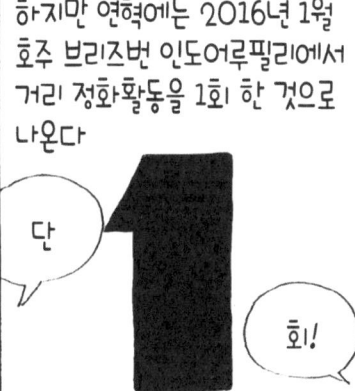

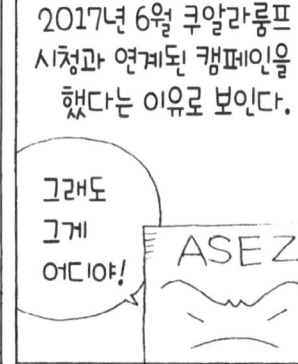

이단! 유럽까지 진출하다!

444곳의 거점을 확보하고 있는 것으로 파악되고 있다.

신천지가 한국 교민들을 주요 포교대상으로 삼고 있는 반면

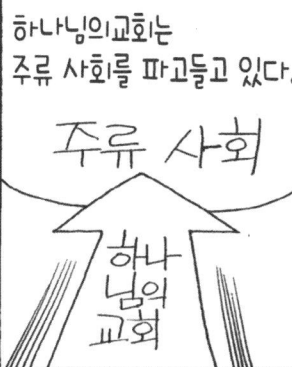
하나님의교회는 주류 사회를 파고들고 있다.

유럽 각 모임처의 신도 수는 많게는 수백 명에 이르는 곳도 있다.
어머니 하나님!

이들은 한국과 마찬가지로 사회봉사활동이라는

긍정적 이미지를 만들며 사회로 파고들고 있다.
하나님의교회 좋아요!

유럽의 통일교

신천지와 하나님의교회는 물론이고,

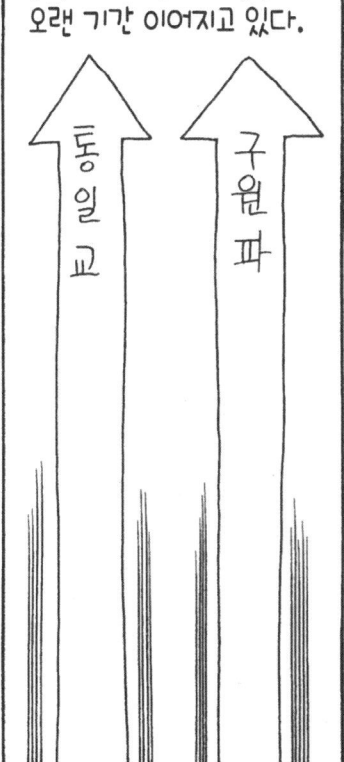
통일교와 구원파의 활동도 오랜 기간 이어지고 있다.

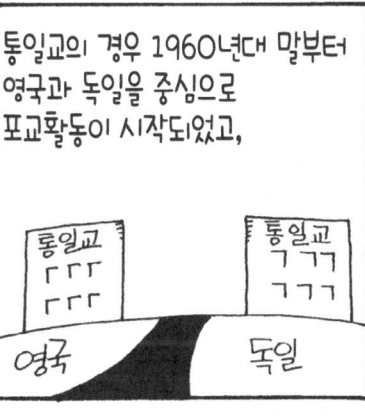
통일교의 경우 1960년대 말부터 영국과 독일을 중심으로 포교활동이 시작되었고,

현재까지도 동서 유럽을 막론하고 그 영향력을 이어가고 있다.

특히, 정치인들에 대한 영향력은 여전한 것으로 알려지고 있는데

독일에서는 주지사가 통일교 모임에서 연설을 하고

영국에서는 국회의사당에서 모임을 갖도록 주선해 준 것으로 알려져 있다.

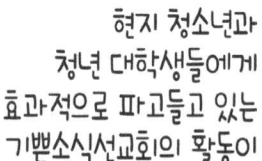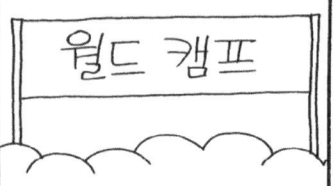

한 사람

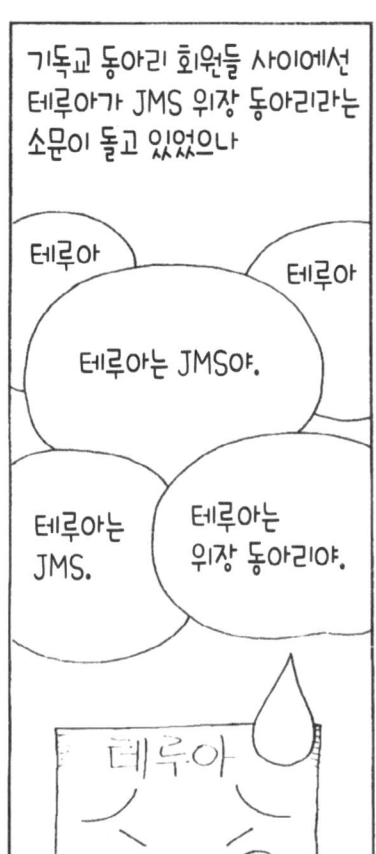

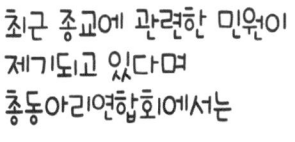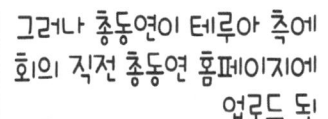

통일교의 집안 싸움

문선명씨 직계 통일교는 어디인가?

세계평화통일가정연합 한학자씨의 통일교와

공식 후계자였던 7남 문형진씨의 갈등이 깊어질 전망이다.

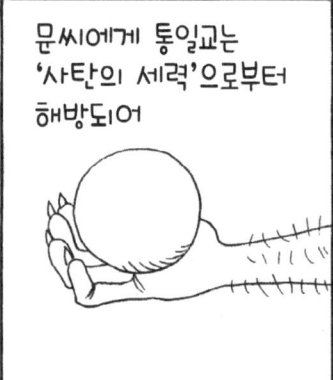

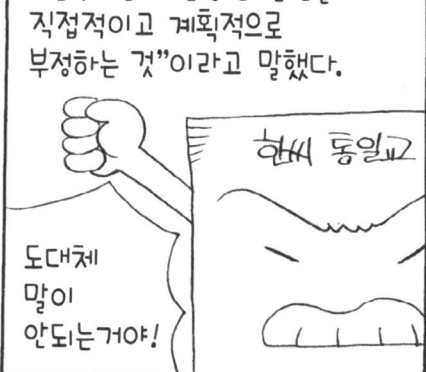
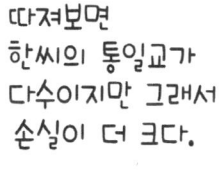

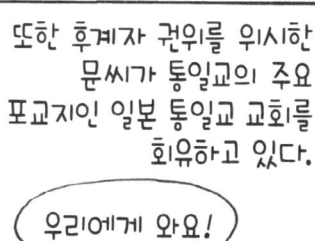

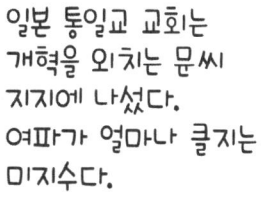

남태평양의 비명소리

은혜로교회. 담임 신옥주씨는 구속되었지만 피지에 남아있는 신도들은 여전히 집단생활과 타작마당(폭행)으로 서로가 서로를 감시하고 있다.

각종 언론을 통해 교리적 문제와 사회적 폐해가 폭로되었지만 신도들은 여전히 피지를 낙토로 믿고 있다.

피지가 최고야!

상식을 벗어난 헌신을 요구하며 수많은 피해자를 양산해온 은혜로교회. 과연 피지에 남아있는 신도들의 신변은 안전할까?

그게 걱정입니다.

거짓말 교주

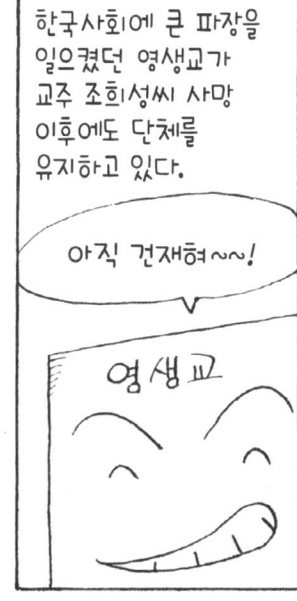

한국사회에 큰 파장을 일으켰던 영생교가 교주 조희성씨 사망 이후에도 단체를 유지하고 있다.

아직 건재혀~~!

영생교

조씨는 육체 영생을 빌미로 미혹의 손길을 뻗쳤지만

영원히 산다~~

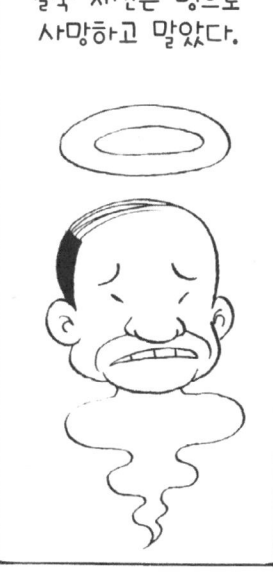

결국 자신은 병으로 사망하고 말았다.

영생교는 조씨가 "육신을 벗어버리고 하나님의 신의 자리로 돌아갔다"고 굳게 믿으며

죽은게 아니다!

영생교

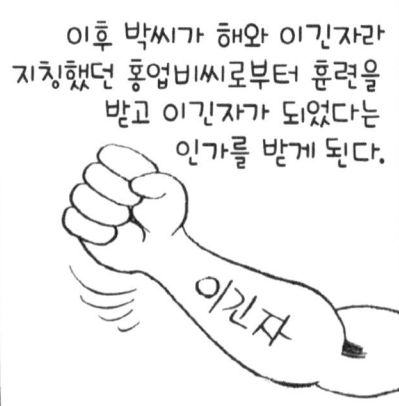

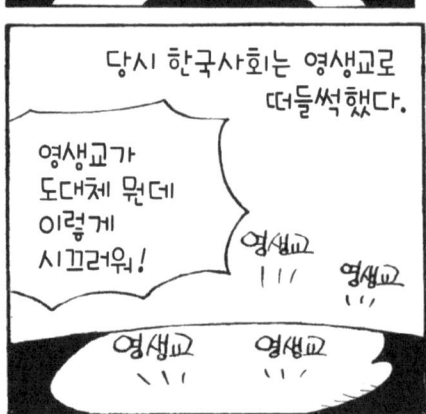

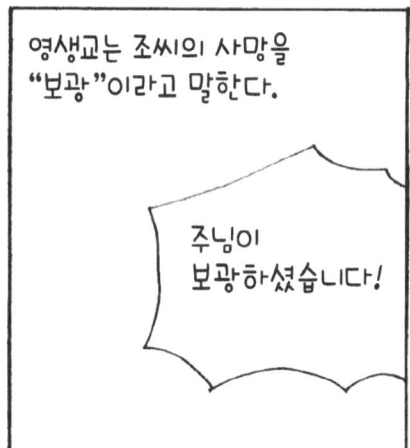

이실직고 하지!

박윤식씨가 전도관 출신이라는 점,

통일교 교리를 전하고 있다는 점이 재판을 통해 허위사실로 볼 수는 없다고 밝혀졌다.

평강제일교회 박윤식씨는 지난 2010년 일본에서 열린 이단세미나에서

진용식 목사가 재일한국기독교총연합회 소속 일본인 목사들에게 했던 강의 내용이 명예훼손이라고 고소했다.

진 목사는 박윤식씨가
"하와가 가인을 낳은 다음에 내가 하나님 여호와로 말미암아 득남했습니다."

사탄하고 간음해서 낳은 아들을 여호와로 만들었을 뿐 아니라

씨앗을 속였다는 주장을 했다고 강의했다.

진 목사는 통일교의 타락론과 박씨의 발언이 일치함을 전하며

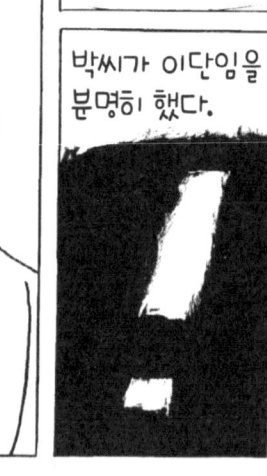
박씨가 이단임을 분명히 했다.

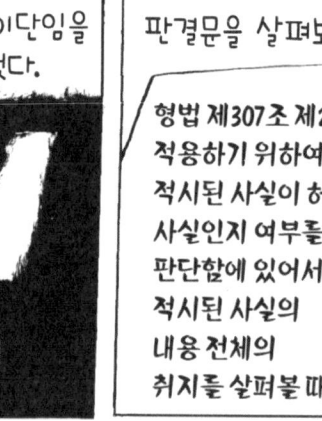
판결문을 살펴보면
형법 제307조 제2항을 적용하기 위하여 적시된 사실이 허위의 사실인지 여부를 판단함에 있어서는 적시된 사실의 내용 전체의 취지를 살펴볼 때

중요한 부분이 객관적 사실과 합치되는 경우에는 세부에 있어서 진실과 약간의 차이가 나거나 다소 과장된 표현이 있다 하더라도 이를 허위의 사실이라고 볼 수 없다.

허위의 사실을 적시하여 평강제일교회 원로목사인 피해자 박윤식의 명예를 훼손하였다거나

당시 피고인에게 허위사실이라는 인식이 있었음을 인정하기 어렵다.

라고 기록해 진용식 목사의 무죄를 선고했다.
뭐지?
땅땅땅

진 목사는 이번 판결에 대해
경찰에서 불기소의견으로 송치했으나 법원에서 검찰의 청구를 받아들여

100만 원 약식명령을 내렸습니다.

도저히 이해할 수 없어서 정식재판을 청구했습니다.

박윤식씨가 전도관 출신이라는 점, 통일교 교리를 가르친다는 점에 대해

이단 현장을 가다!

성경침례교회 주일 집회에 다녀왔다.
헤헷!

1992년 성경침례교회를 세운 이송오씨는 킹제임스 성경만이 유일한 성경이라고 주장한다.
맞는 말이지.

예장합동과 통합에서 이단과 반기독교적 주장으로 결의된 성경침례교회 집회를 통해
이단! 반기독교 적 주장

이송오씨가 주장하는 교리와 설교 방향 등을 알 수 있었다.

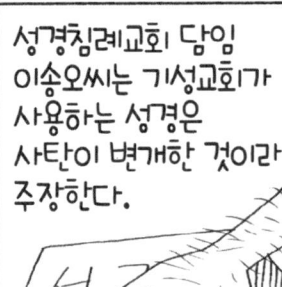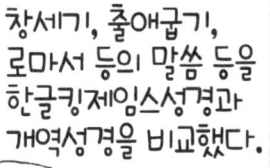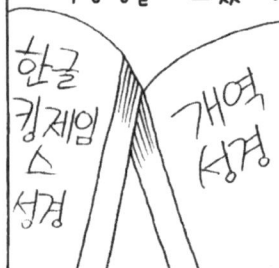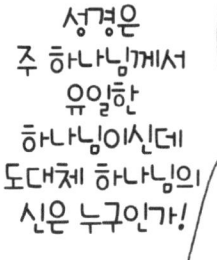

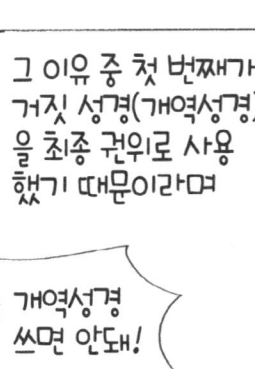
그 이유 중 첫 번째가 거짓 성경(개역성경)을 최종 권위로 사용했기 때문이라며
개역성경 쓰면 안돼!

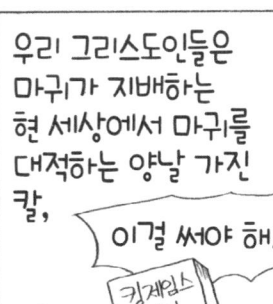
우리 그리스도인들은 마귀가 지배하는 현 세상에서 마귀를 대적하는 양날 가진 칼,
이걸 써야 해!
킹제임스 성경

곧 바른 성경(킹제임스 성경)으로 무장해야 한다고 강조했다.
이게 진짜야!
킹제임스 성경

성경침례교회는 강서구 방화동에 있다.

6층에서 9층까지의 건물을 사용했는데 6층에는 말씀보존학회 도서 전시관과 북카페가 있다.

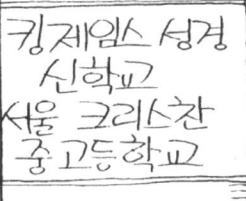
7층은 킹제임스성경 신학교와 서울 크리스찬 중고등학교가,
킹제임스 성경 신학교 서울 크리스찬 중고등학교

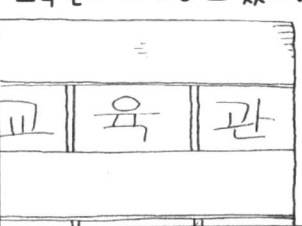
8층에는 성경침례교회 대예배실이 있다. 9층에는 성경침례교회 교육관이 자리하고 있다.
교 육 관

성경침례교회를 처음 방문하는 기자에게 안내위원은 방문카드를 작성하게 했다.
이거 써 주세요.

예수님을 믿습니까?
구원의 확신이 있습니까?

성경을 가져오지 않았다고 하니 말씀보존학회에서 만든 킹제임스성경과 찬송가를 주었다.
킹제임스성경 찬송가

주보 등은 따로 없었다.
주보는 없어요!

대예배실 안에는 300여 명의 신도들이 찬송가를 부르고 있었다.
교 육 관
성 경 침

집회가 시작되자 새신자를 소개했다. 본 기자를 포함 4명이 호명됐다.

그 중에는 인도에서 온 선교사도 포함되어 있었다.

그 후 이씨는 월간 「성경대로 믿는 사람」 11월호가 나왔다고 말했다.

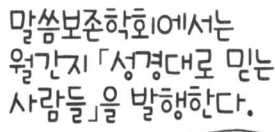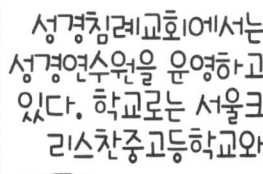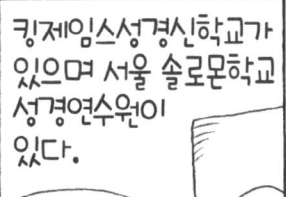
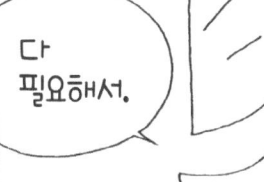
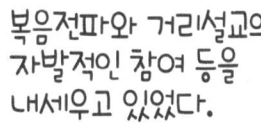
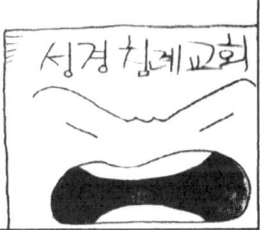

지방교회가 알고 싶다

이단들 중에는 즉각적으로 이단이라고 생각되지 않는 이단들이 있다.

그 이유는 허무맹랑한 주장을 하지 않고

하나님 부인을 믿어야 구원을 받는다!

○○이 하나님이다!

성도들이 쉽게 생각하지 못한 교리적 부분의 오류 때문에 이단으로 결의된 곳들도 있기 때문이다.

바로 이런 특징을 가진 곳이 지방교회다.

또 예수님께서 십자가와 부활승천을 거쳐

보좌의 영광을 얻은 후 영으로 우리 안에 들어왔고

그것이 성령이라고 말한다.

하나님이 예수님이 되고

예수님이 성령님이 되었다는 논리를 양태론이라고 한다.

예를 들어 한명의 사람이 회사에서는 부장이고,

집에서는 남편이고,

교회에서는 집사인 것처럼 하나님, 예수님, 성령님도 한 인격이라는 주장이 양태론이다.

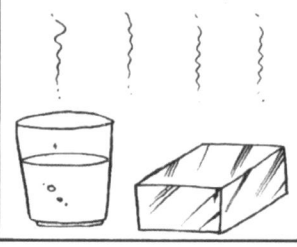

물, 얼음, 수증기로 표현하는 것도 양태론으로 잘못된 설명방법이다.

하나님, 예수님, 성령님께서는 각각 세분의 위격이 있음과

동시에 하나라는 것이 삼위일체다.

자칫하면 삼위일체와의 차이가 미묘하다고 생각할 수 있지만,

"그거나 저거나 다 같은 거 아닌가요?"

세분의 관계적인 측면을 부정하는 양태론은

지방교회의 대표적인 이단 교리라 할 수 있다.

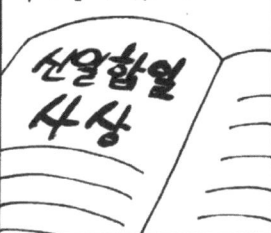

이곳에서 발행한 책은 대부분 지방교회 관련 서적이다.

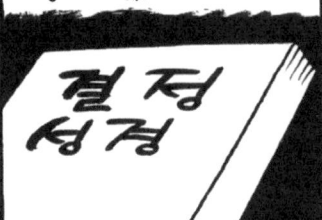
또 지방교회는 기성 교회와 달리 『결정성경』이나 『회복역』이라는 성경을 사용하고 있다.

이것을 통해 분별하는 것도 좋은 방법이다.

더 확실히 확인할 수 있는 것은 저자가 대부분 지방교회의 창시자인 워치만 니나

그 후계자 위트니스 리라는 점이다.

이 대표자들의 이름을 기억하는 것도 좋은 분별법이다.

대형서점에서도 지방교회 서적이 많이 있으니

제목이나 내용만 대충 훑어 보고 이단 서적을 사는 일은 없어야 한다.

이거 주세요!

지방교회는 각 지역의 이름을 사용해 교회명을 짓는 방법이나

한국복음서원이라는 출판사 등 외적인 부분으로 분별하는 방법이 있다.

또 양태론이나 신인합일 사상의 주장 등

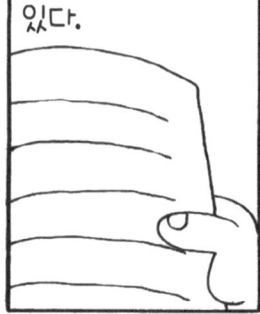
지방교회의 교리적인 문제점을 파악해서 분별하는 방법도 있다.

교회라는 이름으로 활동 하기 때문에 자칫 기성 교회와 동일시 할 수 있는

지방교회의 분별력을 숙지해 잘 대처할 수 있어야 한다.

"근신하라 깨어라 너희 대적 마귀가 우는 사자같이 두루다니며 삼킬자를 찾나니 너희는 믿음을 굳게하여 저를 대적하라"
(벧전5:8~9)

질병을 주는 귀신아! 가라!

예수중심교회 대표 이초석씨를 가리켜 혹자는 김기동 귀신론의 아류로 평가한다.

—이씨의 주된 사상이 김씨의 귀신론과 연결돼 있으며

그의 활동 또한 축사(귀신을 쫓아냄)활동에 기반을 둔 집회활동이 대부분이기 때문이다.

이씨는 극단적신비주의 추종과 주관적 성경해석으로 한국교계에서 이단으로 결의됐다.

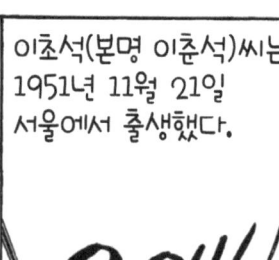
이초석(본명 이춘석)씨는 1951년 11월 21일 서울에서 출생했다.

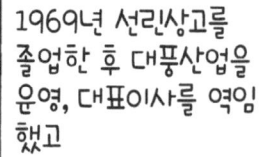
1969년 선린상고를 졸업한 후 대풍산업을 운영, 대표이사를 역임했고

당시 친구와 부인의 전도로 교회에 나가게 됐다.

1984년 예장합동 정통신학교를 중퇴하고

1984년에 예장성합측 바울신학교를 졸업한 후 경기도 광명시에 예루살렘 교회를 개척했지만

김기동씨의 귀신론을 추종한다하여 1984년 12월 예장성합 교단으로부터 제명됐다.

이후 이씨는 교회를 인천 남구 숭의동으로 이전, 교회명을 한국 예루살렘 교회로 바꾸고, 1985년 초석예수전도단을 조직했다.

1988년 5월 8일부터 6월 18일까지 천국에 갔다 왔다는 미국의 펄시콜레의 천국성회 간증집회를 유치한 그는

단상에 오르다 쓰러진 펄시콜레를 안수기도해 일으켜 세우는등 능력을 과시했고

이런 명성(?)에 힘입어 교세는 급속도로 성장하기 시작했다.

두손들고 아멘

1991년 한국교계로 부터 이단으로 결의 됐지만

변함없는 행보를 유지하며 교세를 확장시키고 있다.

이씨의 주요사상은 귀신론에 바탕을 두고 있으며

귀신론에 맞춰 자의적으로 성경을 해석해 정통 교회에서 크게 벗어나고 있다.

이씨는 타락해 변질된 영적 존재를 가리켜 마귀, 악령, 귀신이라고 주장한다.
마귀! 악령! 귀신!

그는 악한 영들이 마치 계급을 형성한 것처럼 조직을 이루어 활동하고 있다고 말한다.
사실이야!

이런 이씨의 주장은 김기동씨의 주장과 상통한다.

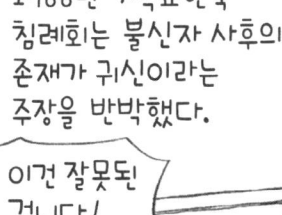
1988년 기독교한국침례회는 불신자 사후의 존재가 귀신이라는 주장을 반박했다.
이건 잘못된 겁니다!
불신자 사후 존재가 귀신!

사람(불신자)의 영이 귀신이 돼 세상을 떠돈다는 주장은 성경의 가르침이 아닙니다.

성경은 사람이 죽으면 육체를 떠난 영혼은 신자는 즉시 낙원으로

불신자는 음부로 들어가서 다가올 심판의 날을 기다리게 된다고 가르치고 있습니다.

이 사실은 나사로와 부자의 이야기 가운데 분명하게 설명됐으며 (눅 16:19~26)

십자가 우편의 강도에게 예수께서 하신 말씀도 이를 증명하고 있다.
내가 진실로 진실로 네게 이르노니

오늘 네가 나와 함께 낙원에 있으리라 (눅23:43)

또한 성경은 마귀는 타락한 천사의 일부로서 무저갱(벧후2:4; 유1:6)에 감금되지 않고 세상에 풀려나온 존재라고 가르치고 있다. (엡6:12)
마귀의 정체는
성경

목창균 교수 (서울신대)도 자신의 논문 "김기동 계열의 귀신론과 질병관"에서 강조했다.
귀신은 불신자의 사후존재라고 보는 것은 하나님의 창조질서에도 맞지 않습니다.

귀신과 사람은 종류가 다르며 귀신과 마귀는 동질성을 가진 같은 종류입니다.

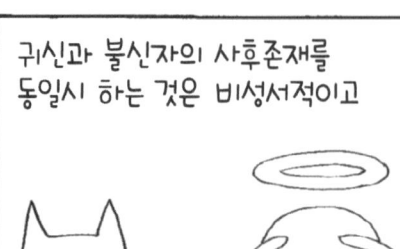
귀신과 불신자의 사후존재를 동일시 하는 것은 비성서적이고

귀신은 마귀와 함께 타락한 천사들이라고 보는 기독교 전통적인 입장이 성경의 교훈에 더 잘 부합됩니다.

또 이씨는 모든 질병의 원인을 귀신이라고 단정 짓는다.

나아가 이씨는 불신자 사후 존재가 귀신이고

이 귀신이 질병을 가져다준 사실을 알려주기 위해 하나님이 예수님을 이 땅에 보냈다고 한다.

이런 논리로 이씨는 사람의 육체에 들어온 귀신을 쫓아내야 병을 치료받을 수 있다고 주장한다.
나았다!

이런 "질병의 원인을 귀신"이란 주장에 대해 목창균 교수는 그의 논문에서 비판했다.
성경역시 귀신에 의해 병이 일어날 수 있음을 말하고 있으나

모든 병이 그렇다고는 보지않습니다.
김기동 계열의 질병관은 성경에 기초한 것이 아닌 질병을 혼령의 인체 침입으로 보는 무속신앙에 기초한 것입니다.

이씨와 김씨의 주장대로 모든 질병의 근원이 귀신이고
아파요!

귀신을 쫓아내야 질병을 치료받을 수 있다고 한다면
귀신아! 나가라!

현대 의학은 질병을 치료할 수 없다는 자연스런 결론에 도달하게 된다.
그럼 난 뭐요?
현대 의학

따라서 신도들은 현대의학적 치료를 무시해 치료시기를 놓치게 되는 위험한 결과를 초래할 수 있다.

막아라! 한국 이단!

한국교회의 선교는 중국 땅에서 많은 열매를 맺었다. 동시에 한국 이단이 중국교회에 끼친 피해도 매우 컸다.

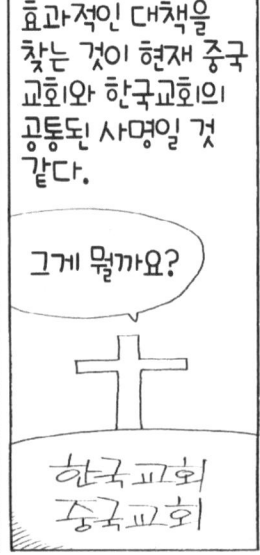

이 문제에 대한 효과적인 대책을 찾는 것이 현재 중국 교회와 한국교회의 공통된 사명일 것 같다.

그게 뭘까요?

한국 선교사들의 중국을 향한 선교사역은 한중 수교 전부터 시작됐고, 수교 이후에 더욱 활발하게 진행되었다.

주여! 중국이 복음화 되게 하소서!

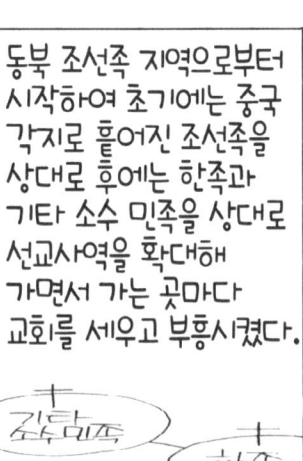

동북 조선족 지역으로부터 시작하여 초기에는 중국 각지로 흩어진 조선족을 상대로 후에는 한족과 기타 소수 민족을 상대로 선교사역을 확대해 가면서 가는 곳마다 교회를 세우고 부흥시켰다.

하지만 중국교회는 성숙기를 맞이하지 못한 상태에서 많은 문제에 봉착하고 어려움에 직면하게 되었다.

한국 이단들이 중국교회에 몰려와 큰 피해를 안겨주었고, 지금까지 지속되는 것이 가장 큰 문제 중의 하나이다.

특별히 신천지, 다락방, 구원파, 귀신론, 하나님의 교회, 여호와의 증인 등 이단들로 인한 피해가

동북으로부터 점차 연해지역으로, 더 나아가서는 서부지역을 향하여 공세를 벌이고 있다.

한국의 이단들이 중국의 공식 교회(삼자교회)에 몰래 들어와서

우리 삼자교회가 좋아요!

성도들을 미혹해 빼앗아 가기는 했지만, 교회 전체를 공략한 경우는 없었다.

하지만 중국의 가정교회들은 60% 이상이 여러 이단으로부터 영향을 받았고, 실제로 이단 혐의가 있는 것으로 조사가 되었다.

가정 교회가 더 심각해요.

이 같은 현실은 아직 기독교의 본질에 대한 분명한 인식이 세워지지 않은 중국 사회와 국민, 정부로부터 점점 깊은 의혹과 반감을 사게 되었고 정통 기독교까지 오해를 받게 했다.

한국 이단들이 중국 교회를 향하여 어떤 방식으로 접근하고, 어떤 피해를 끼쳤는지에 대해선 많은 설명이 필요치 않다.

사실입니다.

그것은 한국과 중국 모두 비슷하기 때문이다. 하지만 한국 이단이 중국에 실제로 끼치는 피해는 좀 다른 면이 있다.

피해는 좀 달라요.

중국교회는 매우 어렵게 유지되었고 유럽, 미국과 한국교회와 같은 전성기를 이루지 못하고 있기 때문이다.

우리 아직 전성기가 아니에요.

교회는 다 문제 있는 거 아냐?

즉 아직 온전한 성장과 성숙을 제대로 이루지 못한 상황에서 여러 이념과 문제에 봉착하게 되었고 많은 이단의 공격과 피해를 받고 있기 때문이다.

지금 한창 자라고 있는 중인데

현재 중국의 많은 교회가 주일 예배 때마다 하는 광고가 있다. 그것은 신천지를 포함한 한국 이단들에 대한 경각심을 높이고 모르는 사람에게 연락처를 알려주거나

한국 이단을 조심해야 합니다.

그들이 비밀리에 하는 성경공부나 훈련에 참석하지 말라는 것이다.

특히 성경공부는 절대로 하면 안됩니다.

한국 이단 79

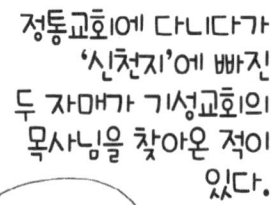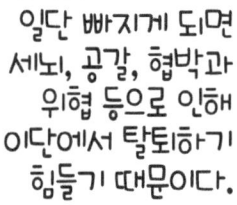

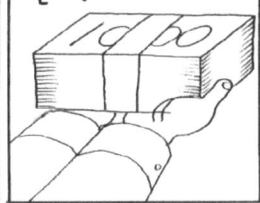

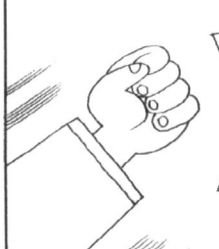

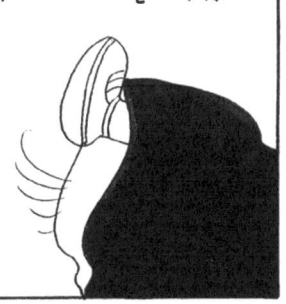

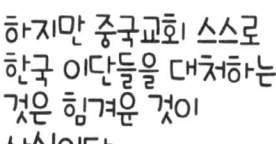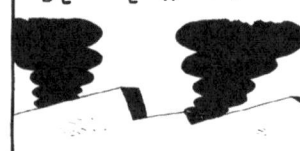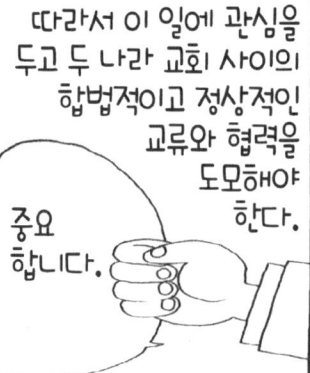

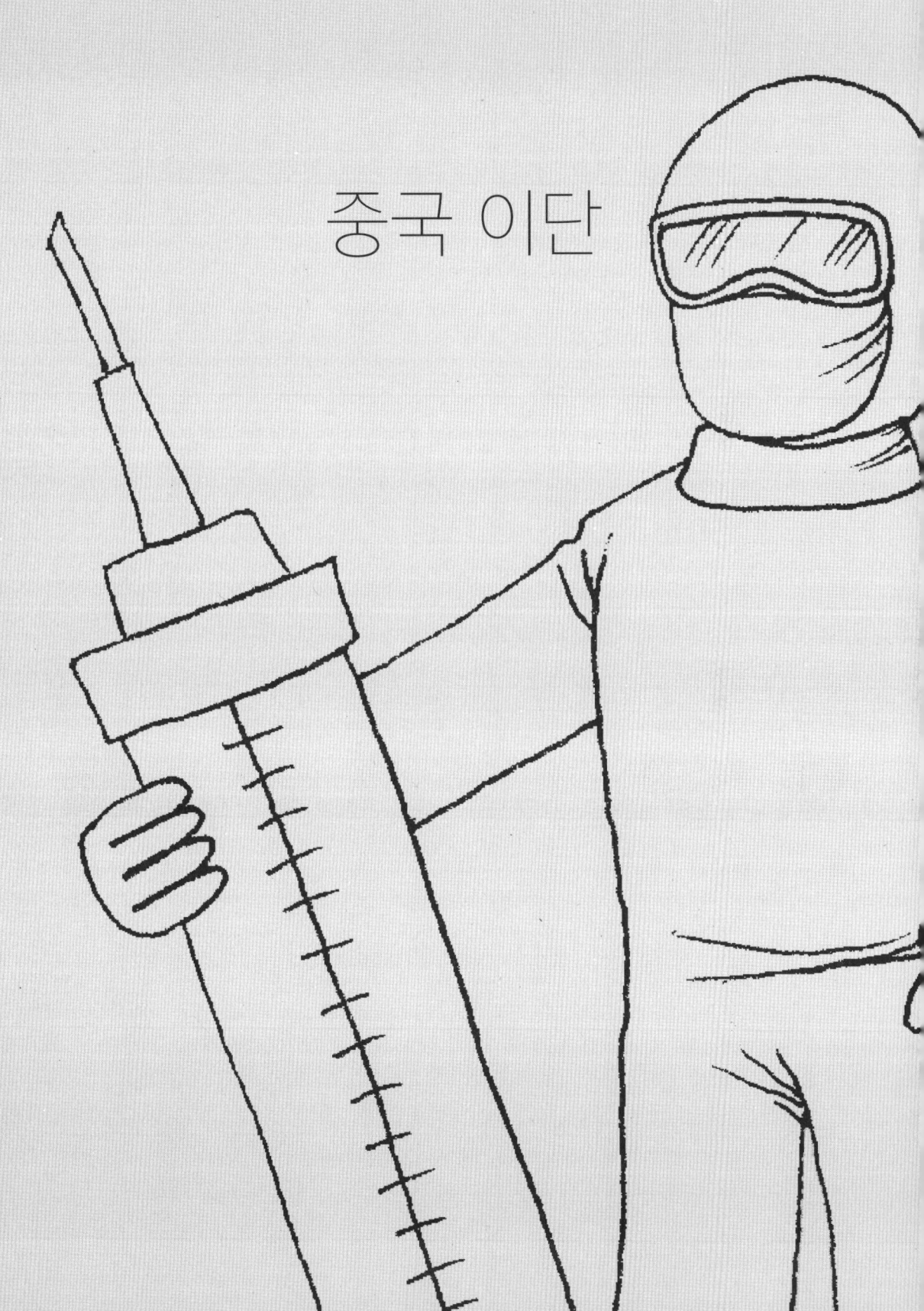

빠지면 약도 없다!

한국 교단에서 이단으로 결의된 전능하신 하나님 교회는

중국계 이단·사이비 종교인 동방번개다.

이들은 그리스도가 중국에 여자로 재림했다는 황당한 주장을 펼치고 있다.

포교를 위해서라면 수단과 방법을 가리지 않아 중국에서 많은 피해를 발생시켰다.

국가체제에 대한 저항 등으로 중국 당국의 대대적인 소탕이 벌어져 자국에서의 활동이 어려워지자 한국으로 넘어온 것으로 보인다.

최근 「조선일보」, 「중앙일보」 등의 주요 일간지와 각종 언론에 게재되고 있는 전면 광고의 제목이다.

"전능하신 하나님 교회"
"예수님의 재림 - 전능하신 하나님이 끝 시대에 발표하신 말씀"

한국교회언론회에 따르면 이 광고는 지난 1월부터 4월 30일까지 총 101회 게재됐다.

전능하신 하나님교회 101회

자신들을 전능하신 하나님 교회라고 홍보하는 이들은

우린 전능하신 하나님 교회요

지난해 12월 21일 시한부 종말을 주장하다

12월 21일 종말
동방번개

중국 공안에 의해 신도 1000여 명이 체포당했다.

동방번개의 창교자는 지방교회의 추종자였던

지방교회

조유산으로 알려졌다.

1989년 지방교회를 이탈해 영존하는 근본교회를 세운 뒤

영존하는 근본교회

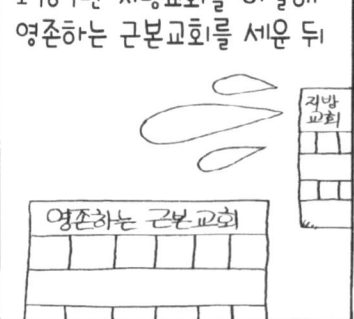

근거지를 흑룡강성에서 하남 성으로 옮겼다.

흑룡강성 → 하남성

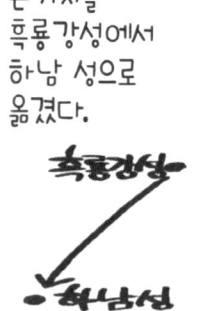

하남 성에서 '참하나님의교회'로 이름을 바꾸고 교리를 만들어 세력을 키워가기 시작했다.

참하나님의교회

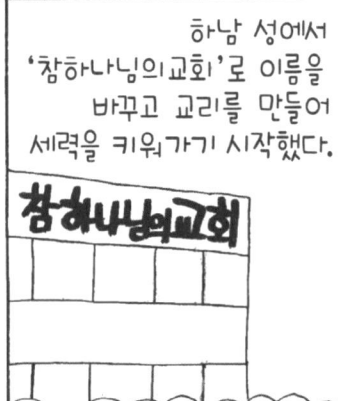

조유산은 조직 중에 7사람을 선택하고 그중 양향빈에게 전능이라는 이름을 주었는데

전능!

그 이름이 전능한 신으로 바뀌었고, 그녀가 동방번개의 여 그리스도가 되었다.

내가 그리스도요! 나를 믿어요!

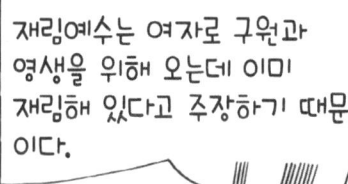

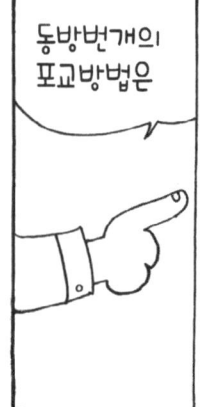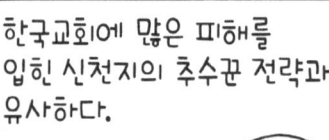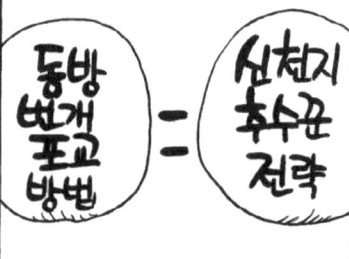

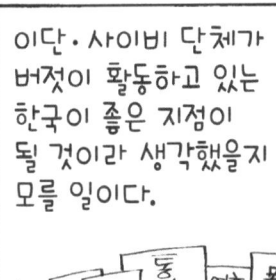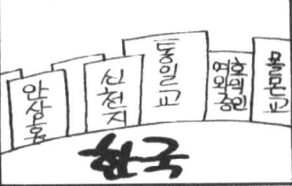

전능신교를 경계하라

중국계 이단·사이비 동방번개가 한국으로 들어왔다.

중국 관영지인 '신화통신사'는 동방번개 신도들이 세뇌당한 채

은밀하게 활동해 대처가 힘들다고 전했다.

한국교계의 예방과 대처가 필요한 시점이다.

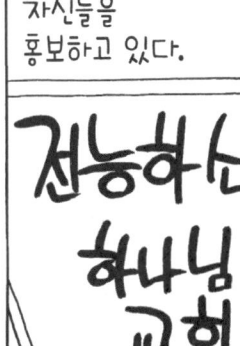

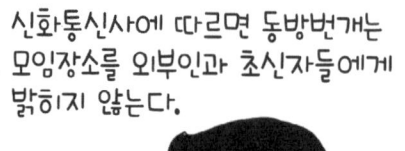

인류의 기원에 대한 호기심을 자극하고

지진, 해일, 전염병 등 재앙에 대한 공포심을 이용해

다가올 재앙을 제거하고

재해를 벗어나려는 심리를 이용한다.

또한 신도들을 통제하기 위해

입교후 서약서를 작성시키기도 하고

신도들은 함께 숙식하며 포교에 전념하고

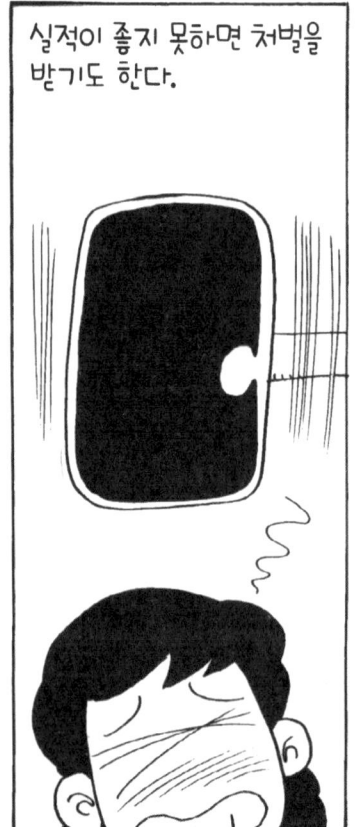
실적이 좋지 못하면 처벌을 받기도 한다.

한국교회는 세뇌된 신천지 신도들의 은밀한 포교활동으로 큰 피해를 당했다.

이와 유사한 방법을 사용하는 동방번개에 대한 경계와 예방이 필요한 시점이다.

신천지와 아주 비슷해요.

아직 한국에서의 피해사례가 구체적으로 드러나지는 않았다.

조~용

하지만 때가 되면 단속이 심한 중국보다 더 활개를 치며 활동할 것으로 보인다.

우리는 중국선교사의 경고를 가볍게 듣지 말아야 한다.

동방번개에 대한 대처시기를 놓치면 한국교회에 큰 재앙이 될 것입니다.

94 만화로 보는 이단 예방

무서운 이단

2014년 5월 한 여성이 사이비종교 신도들의 포교를 거부하다가
안해요! 싫어요!

집단으로 구타당해 사망했다.

사건은 중국 산둥성의 한 맥도날드 매장에서 일어났고
도망가자!
맥도날드

일명 '맥도날드 살인'이라 불리게 됐다.

수사결과 범인은 5명이었다.

이들은 가족이면서 동시에
형님! 동생!

중국에서 가장 큰 세력을 갖춘 동방번개 신도였다.

중국당국은 폭행의 주범인 가장 장리둥과 그의 딸 장판에게

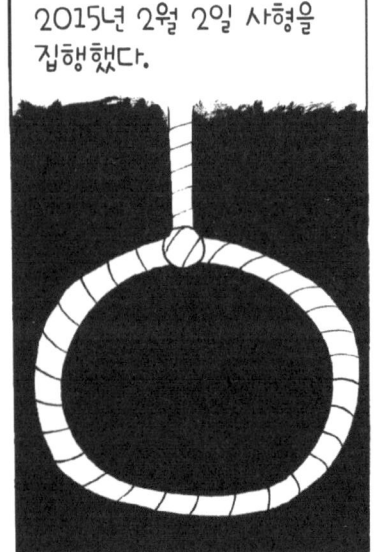
2015년 2월 2일 사형을 집행했다.

다른 가족들에 대해서는 각각 무기징역, 징역 10년형과 7년형이 선고되었다.

조사과정에서 공개된 CCTV 영상에 따르면

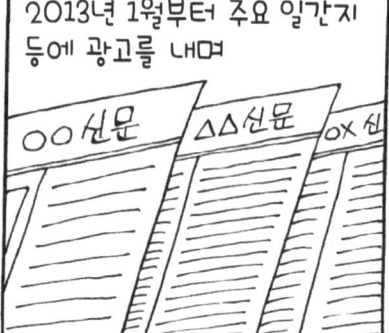
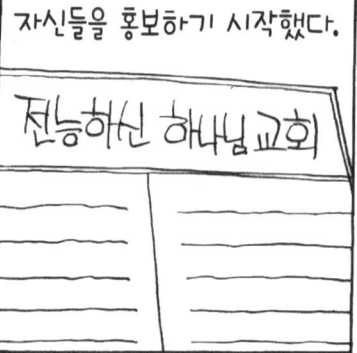
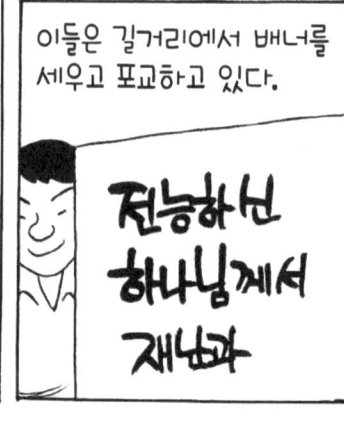

아직 한국에서는 피해사례가 구체적으로 드러난 것은 없어 보이지만

다행입니다 휴~~~!

조선족 신도들이 있는 것으로 알려져있다.

우리는 신도 입니다.

A선교사는

돈과 성을 매개로 포교하기도 합니다.

윤리적으로 무너져있는 한국교회가

저들의 포교에 주의해야 합니다.

동방번개는 범죄 조직에서나 행할 법한 충격적인 피해 사례들을 남겨왔다.

우리하고 비슷혀~~ ㅎㅎ

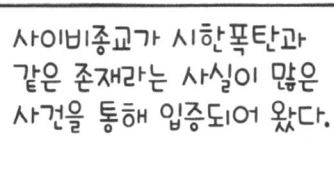

사이비종교가 시한폭탄과 같은 존재라는 사실이 많은 사건을 통해 입증되어 왔다.

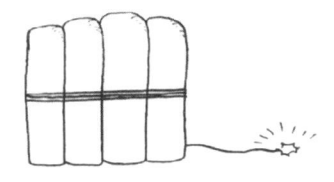

동방번개를 중국계 이단 정도로 생각해 방치해둔다면

별거아닐거야

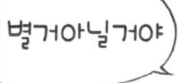

대한민국

한국에서 제2, 제3의 맥도날드 살인이 일어나지 않으리란 법이 없다.

한국에 진출한 동방번개에 대한 정부 당국의 대처가 시급해 보인다.

정부

속으면 약이 없다

포교를 거부하는 여성을 구타해 사망케 했던 중국계 이단 전능하신 하나님교회 (동방번개)가

이미지 개선 및 홍보에 열을 올리고 있다.

바꾸면 돼!

동방번개는 자원봉사를 실시하거나

안녕하세요! 동방번개입니다. 무엇을 도와 드릴까요?

언론과 SNS를 활용해 본인들의 교리가 담긴 영상을 주기적으로 노출하고 있다.

전능하신 하나님 교회

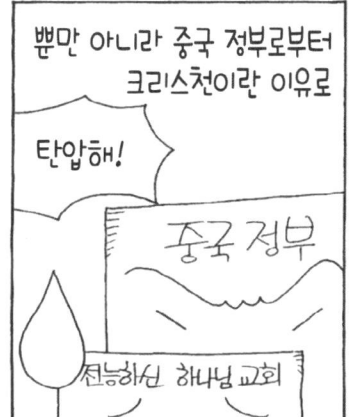

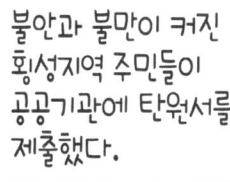

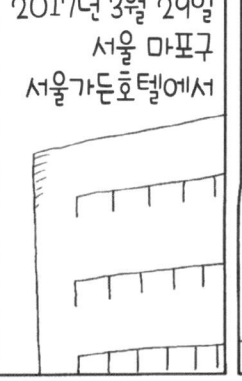
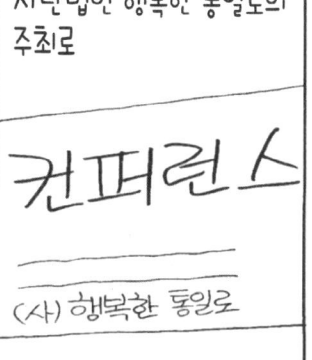

나는 악마를 보았다!

기자는 중국 이단사이비 전문가 및 관계자들과의 만남을 위해 중국 흑룡강성 목단강시를 찾았다.

이들과의 대화 중에 전능신교에 대한 이야기가 가장 큰 화두였고

"전능신교 정말 심각합니다."

국내에서 시작된 이단들이 중국에서 사이비종교로 결의되는 등

통일교 등은 사이비 종교!

이단에 대한 관심과 대처에 속도를 내는 중국의 최근 소식을 들을 수 있었다.

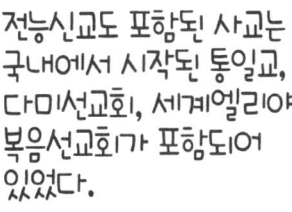
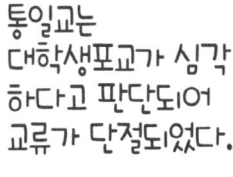

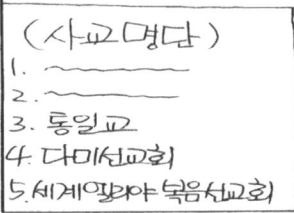

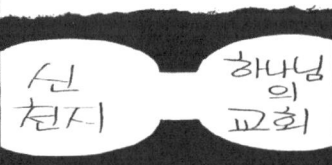

추적, 교주 60분

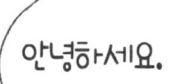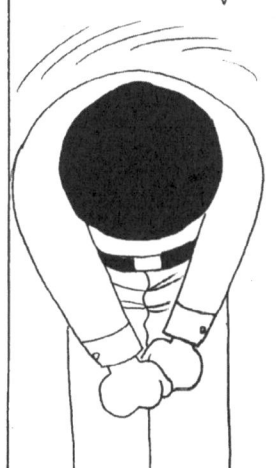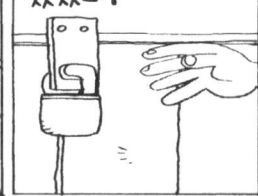

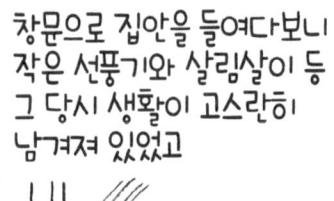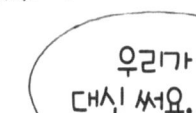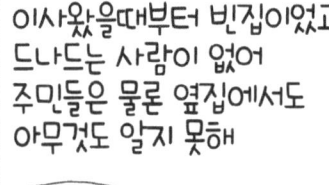

1953년에 태어난 조유산은 이곳에서 20년 정도 거주했다.

이단·사이비 전문가는 조유산이 야성 철도국 직원인 아버지를 따라 19세부터 야고우역에서 1년 반 정도 철길을 보수하는 일을 했으나

일을 제대로 하지는 않았다고 한다.
일하는거 너무 싫어.

철도역에서도 1970년대 조유산의 행적을 기억하는 사람은 전혀 없었다.
우린 몰라요!
야고우 역

철도역도 새로 지어졌고 근무자들도 모두 바뀌었기 때문이다.
물어볼 걸 물어봐!

이후 호함파를 접촉했던 조유산은

1989년 야성시에 영원교회를 개척해 따르는 자들이 수천명에 이르렀고
아멘

허가받지 않은 교회는 공안국의 처벌을 받았다.
해산!

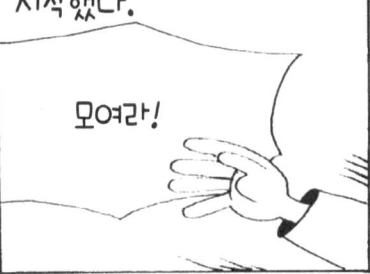
90년대 초에 도망친 조유산은 하남성에서 3년 정도 거주하면서 다시 전능신교를 시작했다.
모여라!

중국 이단·사이비 전문가는 이것이 야성시와 하남성에 전능신교 신도가 많은 이유라고 말했다.
이제 알거 같아요.

이어서 조유산이 양향빈을 재림 예수로 선언하게 된 이유를 설명했다.
재림 예수께서 등장하십니다.

조유산은 중국 대학에 떨어져 정신적인 충격을 받아
사실이야?

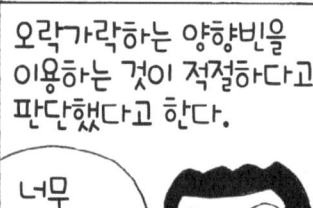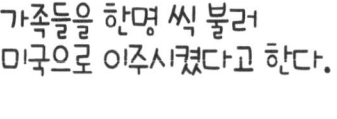

무서운 사교조직! 파룬궁!

* 기공 : 기를 다스리는 수련

20세기 말부터 기공 열풍이 중국 전역을 달구기 시작했다.

이 기회에 중국 길림성 출신인 이홍지는 구궁 팔괘공, 선밀공 등 *기공공법의 기초 위에

태국의 무도 동작을 결합해 파룬궁을 만들었다.

파룬궁 창시자 이홍지

파룬궁은 기공을 바탕으로 하는 고층차의 불가기공 입니다!

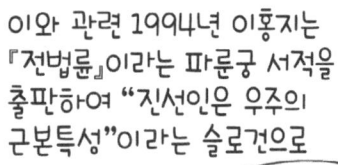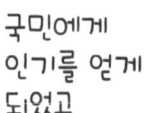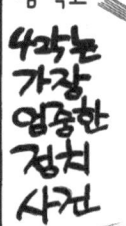

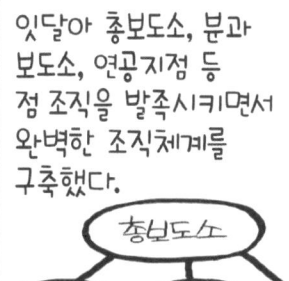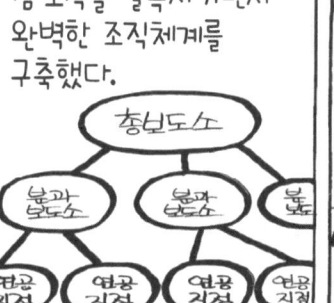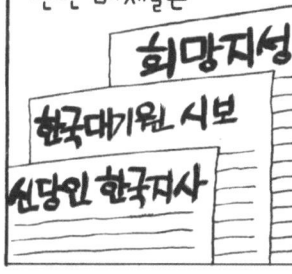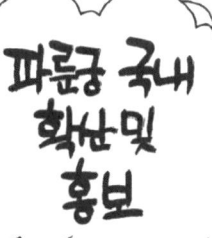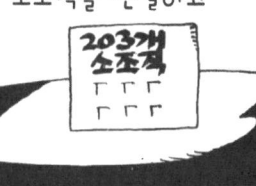

파룬궁의 주장을 소개합니다.

1. 기독교를 부정한다.

이홍지는 『전법륜』과 기타 경문으로 기독교를 멸시하면서 파룬궁이 진정한 우주대법이라고 강조했다.
기독교는 아니야!

기독교는 초라하고 보잘 것 없는 집이고
여호와는 유일한 신이 아니고 기독교는 아주 작고 층차가 낮고 큰 지혜가 없다.

그는 자신만이 유일한 신이며
예수는 나의 정법을 위해 길 닦는 선행자이다.

내가 예수를 만들어냈다. 기독교는 사교다.

파룬궁은 우주를 만들어 낸 대법이므로 사람도, 신도, 하늘도 땅도, 세상 모든 사물도, 기독교의 신도 그중에 포함돼있다.

2. 시한부 종말론을 선전한다.

지구가 곧 폭발한다. 지난번에 지구가 폭발하는 시간을 스승의 스승이 결정하고 그 후의 폭발은 스승이 결정한다.

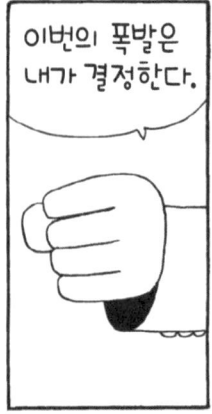
이번의 폭발은 내가 결정한다.

이번 폭발은 원래 1999년으로 결정했지만, 1997년으로 앞당길 수도 있다.

3. 파룬궁을 수련하면 병을 고친다.

발병의 원인은 전생의 업에 있다. 오직 수련을 통해 업을 소멸해야 만병이 자연적으로 치료된다.

병원에 가서 치료 받고 약을 먹으면 파룬궁을 믿지 않는 것이다.

중국수련자들은 이 주장에 넘어가 병에 걸려도 치료 받지 못하고 죽었고
속았다.

국내에도 이런 비극이 많이 생겨났다.
아이고!

4. 소극적인 도덕관념을 선전한다.

파룬궁 수련생으로 자신의 피를 남한테 주기에는 너무 아깝다.

때문에 우리 파룬대법 수련인과 제자 중에서 헌혈하는 사람이 적다.

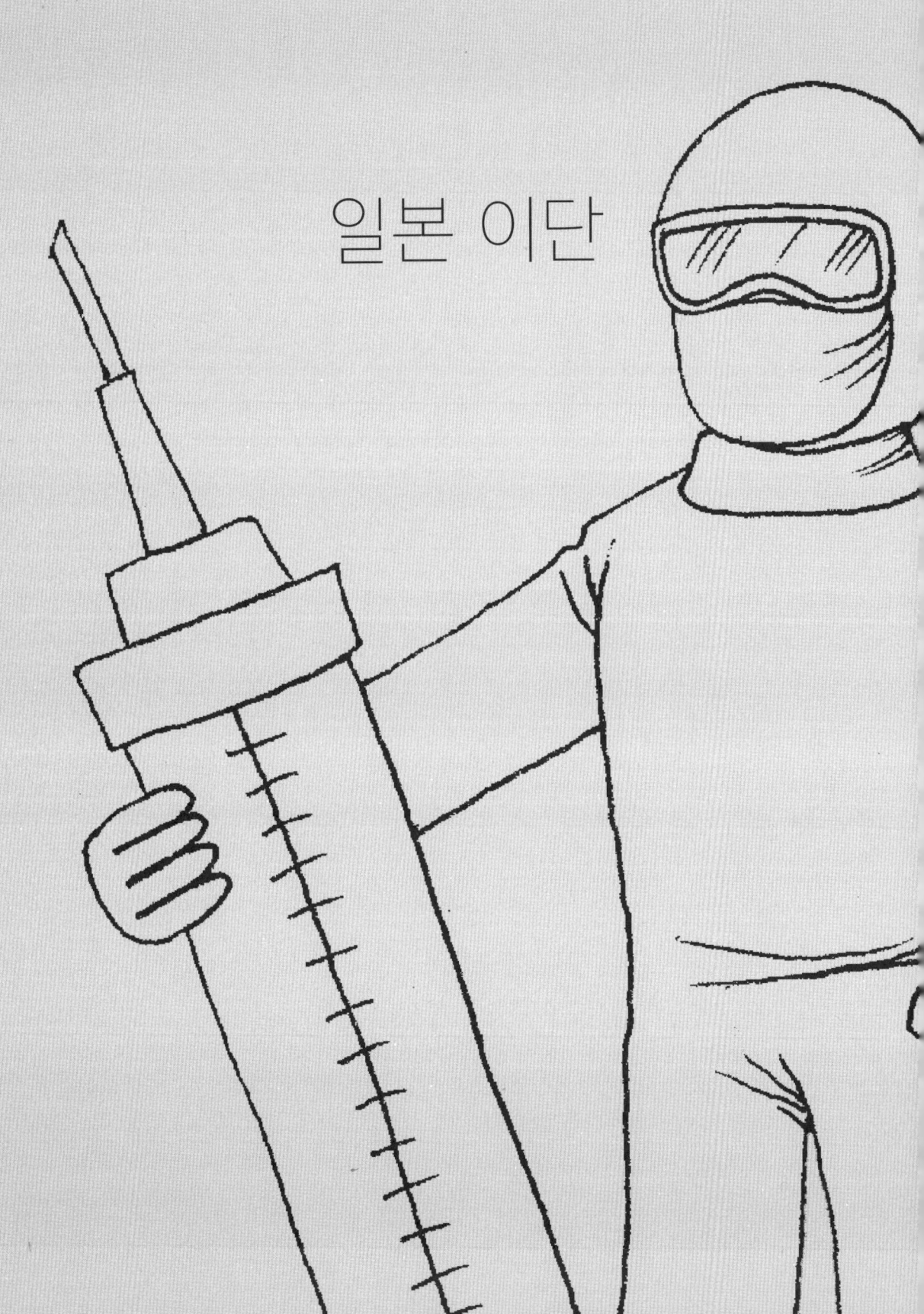
일본 이단

살인종교, 옴진리교

20년 전 한국에서는 고 탁명환 소장 살해 사건으로

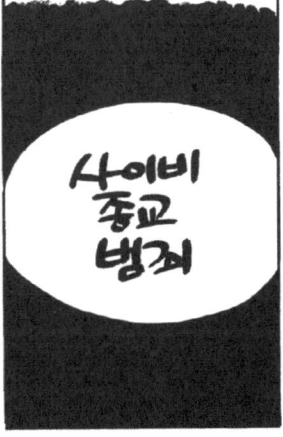
사이비 종교단체의 반사회적 범죄에 대한 사회의 관심이 커졌다.

당시 일본에서는 옴진리교에 의한 범죄 사건이 일어났다.

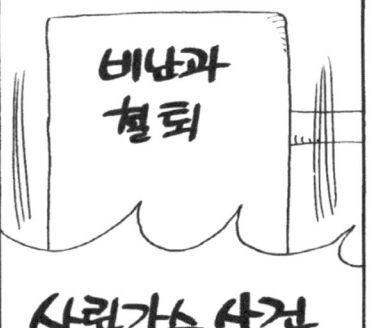
특히 1995년 3월 20일 옴진리교 신도가 벌인 지하철 사린가스 사건으로 옴진리교를 비롯한 사이비 종교는 사회로부터 비난과 철퇴를 맞기 시작했다.

살해할 목적으로 사린가스를 살포해 총 7명의 사망자와 수백명의 부상자를 낸 1994년 6월 27일의 마츠모토 사린가스 사건

옴진리교에 대한 수사의 교란과 수도권의 혼란을 목적으로

5량의 지하철 차량에 사린가스를 살포하여 총 12명의 사망자와

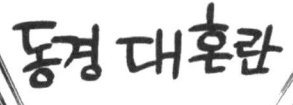

수천명의 부상자를 낸 1995년 3월 20일의 지하철 사린가스 사건이 있다.

일본 마이니치 신문은 이 3개의 사건을 옴진리교 3대사건 이라고 표현했다.

피해자의 수로 보나 사회에 끼친 영향으로 보나

재판으로 여러교단 간부에게 무거운 판결을 내린 것을 보나

이 사건들은 일본 범죄사회에서 최악의 흉악사건으로 치부되고 있다.

3개의 사건을 간략하게 살펴보고자 합니다.

사카모토 츠츠미 변호사 일가 살해 사건

1989년 11월 4일 미명, 옴진리교의 광신도들이

옴진리교의 반사회성을 추궁하고 있던 사카모토 츠츠미 변호사가 사는 아파트에 침입해

사카모토 변호사와 아내, 아들을 살해했다.

사카모토 변호사는 나가타현 죠에츠시,

아내는 도야마현 우오즈시,

아들은 나가노현 오오마치시의 산중에 각각 묻혔다.

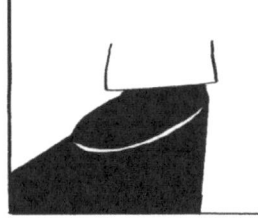

이 사건이 일어나게 된 원인은 당시 TBS 방송국의 와이드쇼 <3시에 만납시다>라는 프로그램의 스탭이 방송전에

옴진리교를 비판한 사카모토 변호사와의 인터뷰 테이프를 옴진리교 관계자에게 보여 주었다.

옴진리교측은 이 테이프를 방송하지 않을 것을 요구했고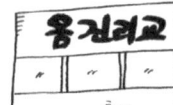

양측 사이의 대화가 이루어졌지만 교섭은 결렬됐다.

결과적으로 옴진리교는 사카모토 변호사를 살해했다.

TBS 방송국은 취재원에 대한 기밀엄수라는 저널리즘의 원칙을 위반하고

살인사건이 일어나게 된 원인을 제공하는 중대 과실을 범해 해당 프로그램은 폐지됐다.

마츠모토 사리가스 사건

옴진리교는 1994년 6월 27일 심야, 나가노현 마츠모토시의 주택지에서 화학병기에 이용되는 사리가스를 살포하는 테러사건을 일으켰다.

사망자 8명, 부상자 660명 이었다.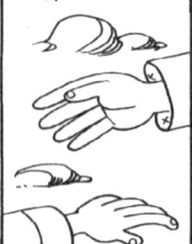

당시 옴진리교는 마츠모토 지부의 퇴거문제로 옴진리교측의 패소가 짙게 되자 이 사건을 일으켰다.

재판담당 판사를 살해하기 전에 그가 살고 있던 관사근처의 주택지에 사리가스를 살포했다.

매스컴은 제일 먼저 사건을 제보한 남성을 범인으로 보도하기 시작했다.

그러나 그와 그 아내도 사리가스의 피해자이며

아내는 후유증에 의한 중증의 장해를 입어 2008년에 사망했다.

당시 이를 보도했던 매스컴은 오보에 관한 사죄는 했지만 당사자였던 그 남성에게 직접 사죄하지는 않았다. "오보였습니다." 	지하철 사린가스 사건	1995년 3월 20일 아침, 도쿄의 지하철의 마루노우치선, 히비야선, 치요다선의 전차안에 	사린가스가 살포돼 승객과 역무원등 12명이 사망, 5510명이 중경상을 입는 대참사가 일어났다. 

옴진리교에 대한 경찰의 대대적인 수사를 눈치챈 옴진리교가 수사교란을 목적으로 일으켰다.

수사교란용

러시아워의 시간대에 일어났기 때문에 수많은 피해자가 발생했다.
사람살려!
아악!

도쿄내에 있던 해독제를 모두 사용하여 전국의 병원, 약품도매회사에 소집령이 발표되었다.

그 외에 창가학회의 이케다이사쿠 명예회장, 만화가 고바야시요시노리, 행복의과학의 오오카와류우호우 총재,

중의원 의원 오자와 이치로, 탤런트 테이브 스팩터, 저널리스트 에가와 쇼우코등의

저명인 암살 계획을 세웠지만 모두 미수에 그쳤다.

2011년 12월까지 기소된 모든 옴진리교 관련 형사 재판은 종결됐고
종결!
법원

189명이 기소되어 13명의 사형판결과 5명의 무기징역 판결이 확정됐다.
확정!

2011년 12월 31일 약 16년 이상에 걸쳐 도망쳐온 히라타씨가 경찰청에 출두해 2012년 1월 1일에 체포 기소됐다.
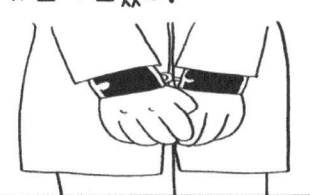

2012년 6월 히라타씨와 함께 도망다녔던 키쿠치 나오코씨와 다카하시 가츠야가 경찰에 체포됐다.

이것으로 경찰청이 옴진리교사건으로 특별 지명수배를 내렸던 3명 모두 체포되었다.
법원
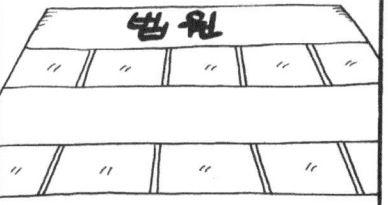

오오모토

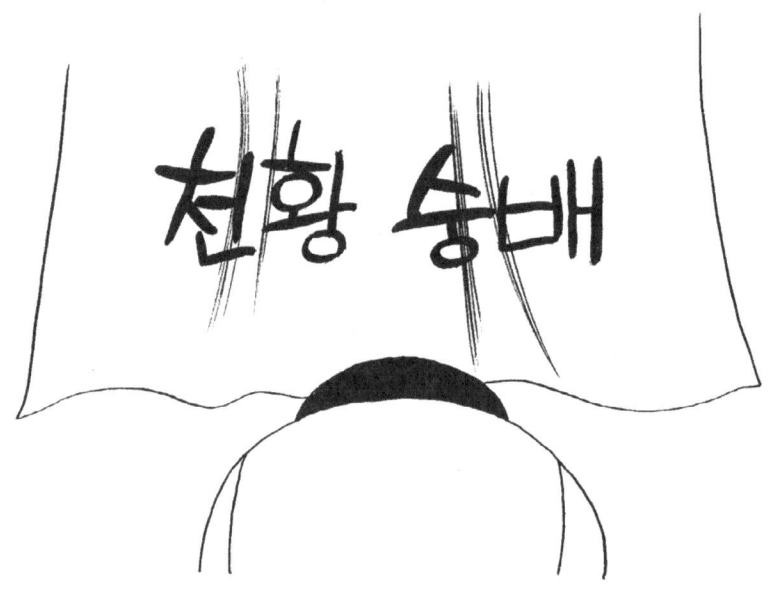

일본 신도계의 신흥종교 오오모토는 1892년 데구치 나오라는 여성에게 신도의 신 쿠니토코다치노미코토가 계시를 내렸다며 시작되었다.

경전은 대본신유, 영계 이야기이다.

오오모토의 근본교리는 우주 만물을 창조한 신의 애선과 신진을 바탕으로 지상천국 건설을 목적으로 하고 있다.

모든 악의 근원은 사람의 마음속에 있는 이기주의와 약육강식에 있다며

인류가 4대 강령인 "제·교·관·조"의 본의로 돌아가서 4대주의 "청결주의, 낙천주의, 진전주의, 통일주의"의 생활을 실천하는 것을 말하고 있다.

이 4가지를 잘 지켜야해!

또한 모든 바른 종교나 가르침은 궁극의 실재(하나의 신)로부터 비롯된다고 말하는

"만교동근(모든 가르침은 하나의 뿌리)"이라는 진리에 근거해

하나 아닌데~~!

각 종교 종파가 활발한 종교협력 활동을 실시한다고 밝히고 있다.

협력하자!

지명도가 그다지 높지는 않지만, 일본의 신흥종교를 말하는 데 있어서 오오모토의 존재는 매우 중요하다.

왜냐하면 현재 일본 신흥종교의 대부분은 오오모토 유파를 이어 받거나

오오모토 교리의 영향을 많이 받았기 때문이다.

예를 들어 '생장의 집'을 세운 다니구치 마사하루는 일찍이 오오모토 기관지의 편집 주간을 하고 있었고

'세계구세교'를 세운 오카다 모키치도 이전에는 오오모토의 신자였다.

어흠—

또한 '월드메이트'라는 신흥종교의 교조인 후카미토우슈우도 전에 오오모토의 신자였다는 이야기가 있으며

나도 그런적이 있었지!

실제 월드메이트의 교리는 오오모토의 교리와 비슷하다.

무엇보다 일본에서 오오모토가 주목을 받은 것은 "오오모토 사건" 때문이었다.

오오모토 사건이란 대일본 제국시대(일본식민지 시대)에 일본경찰이 오오모토의 종교활동에 대해

오오모토가 뭐야?

실시한 종교탄압 사건이다. 오오모토 탄압사건 이라고도 한다.

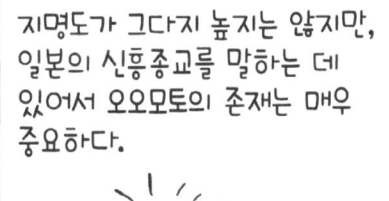

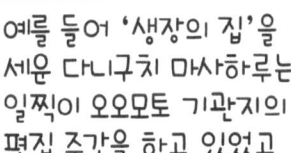

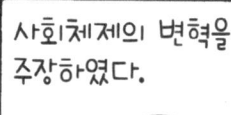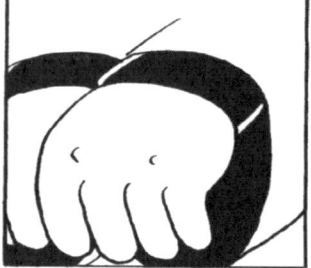

제2차 오오모토 사건은 치안유지법을 종교단체에 적용한 최초의 사건으로 유명하다. 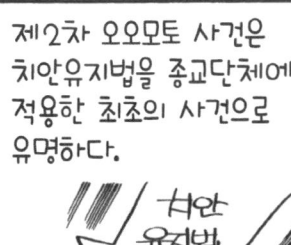	공산주의 운동을 괴멸시키는 목적을 갖고 시행한 법률을 이용해 	신교의 자유를 국민으로부터 빼앗아 국민의 의식을 전시체제로 집중시켜 나아갔다. 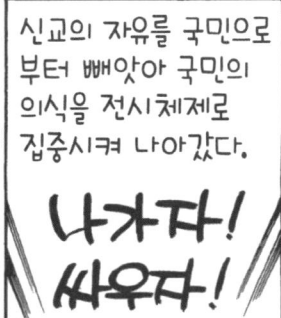	제2차 오오모토 사건에 적용된 불경죄와 치안유지법 및 출판법 신문지법은 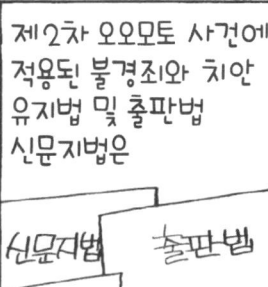
국민으로부터 언론의 자유, 신교의 자유를 빼앗는 것으로 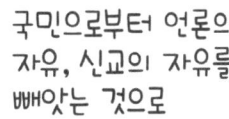	절대적 천황 숭배의 확립과 국민의 문제를 가능하게 하였다. 	1935년 12월 8일에 경찰, 헌병대 500명이 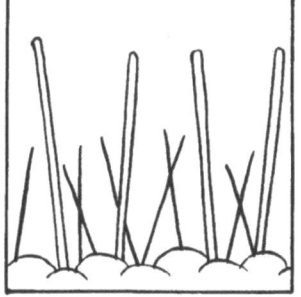	성지인 아야베와 카메오카를 급습하여 신자들을 검거하였다. 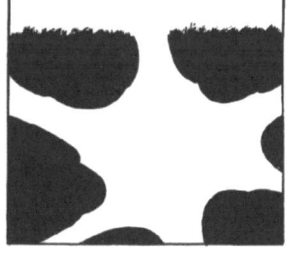

죄명은 불경죄 및 치안유지법 위반이었다. 	검거는 지방의 지부나 관련 기관에서도 실시하여 	교단간부 61명이 검거되었고 
	2대 교주 데구치 스미의 남편 데구치 오니사부로를 비롯한 	8명이 기소되었다. 

철저한 탄압을 받아 아야베 및 카메오카의 성지는 흔적도 없이 파괴되었고

관련 시설도 경매에 넘겨졌다.

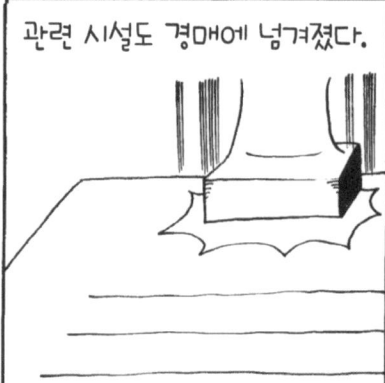

두 번에 걸친 검거의 공통점은 사실상의 신교의 자유를 금하며

천황 숭배에 의한 국가의 통합과 통제를 지향하고 있던 당시

오직 천황!

일본

일본제국주의의 상황에서, 오오모토의 교리나 활동내용이 황실을 존중하고 숭배하는 사상과

황실

양립할 수 없던 것이라고 할 수 있다.

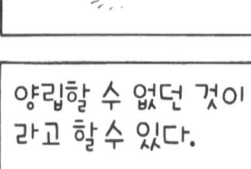

또한 두 번에 걸친 탄압으로 오오모토의 시설이 파괴되어 신도 중에서 분파(제1차 사건에서는 생장의 집 등, 제2차 사건에서는 삼오교 등)가 떨어져 나갔다고 한다.

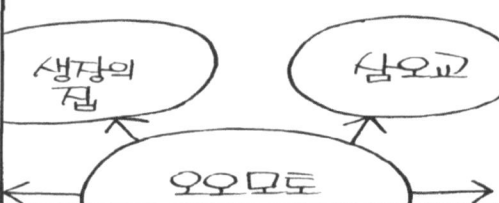

신도들은 굉장히 힘든 고문을 당해 감옥에서 죽거나 정신병을 앓게 되어 병원에 입원했다는 기록이 있다.

아악!

전쟁이 끝난 후 그에 대한 반동으로 종교 법인에 대해서는

행복합니다!

일본

신교의 자유를 지킨다는 미명하에 국가 권력이 종교 법인에 개입하지 않는 경향이 있다.

우리 몰라요!

정부

이런 원칙은 완전히 무책임한 태도로 변모하여 종교의 가면을 쓰고

사회적 물의를 일으키는 컬트집단을 존재하게 하는 또 하나의 요인이 되고 있다.

무서운 미니컬트

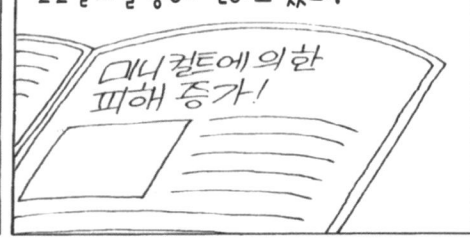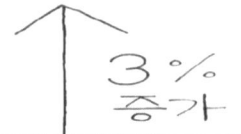

이 종교 단체는 17년 전에 설립되었고 여러 가지 고민을 안고 있던 여성은 지인의 권유로 2년만에 입교했다.

신도는 20명 정도로 몇 명씩 집단생활을 하고 있었다.

기상!

여성에 따르면 신도는 간부로부터 서로의 행동을 감시하라는 명령을 받고 늦잠을 자는 등 사소한 실수도 의무적으로 보고하도록 강요받았다.

또 늦잠이야

실수할 때마다 '처벌하라' '얼음 목욕 30분'등 폭행이나 벌금을 내라고 간부에게 메일이 왔다고 한다.

당장 처벌해!

거듭되는 폭행과 헌금에 의해 빚이 한계에 도달한 여성은 2010년에 탈퇴한 후 폭력을 당하고

으악!

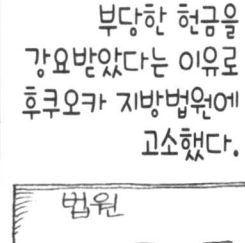

부당한 헌금을 강요받았다는 이유로 후쿠오카 지방법원에 고소했다.

법원
고소장

종교단체측은 반박했지만

폭행의 증거가 없으며 자발적인 헌금이었다.

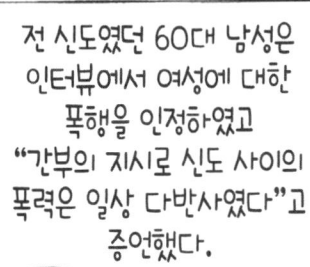

전 신도였던 60대 남성은 인터뷰에서 여성에 대한 폭행을 인정하였고 "간부의 지시로 신도 사이의 폭력은 일상 다반사였다"고 증언했다.

다 사실입니다.

후쿠오카 고등법원은 2015년 11월, 폭행에 대해서는 인정하지 않지만

폭행은 혐의 없음!

법원

상명하달의 통제질서에서 신도의 사생활에 지나치게 개입하였고 그로인해 여성의 정신적 고통은 상당했다며

위자료와 현금 등에 의한 경제적 손실 합계 약 573만 엔 (약 6100만 원)을 지급하라고 대표와 경영진에게 지시했다.

단체는 즉각 대법원에 상고했다.

당장 상고해!

전국영감상법대책 변호사연락회에 따르면

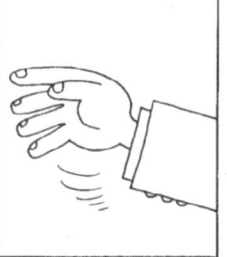

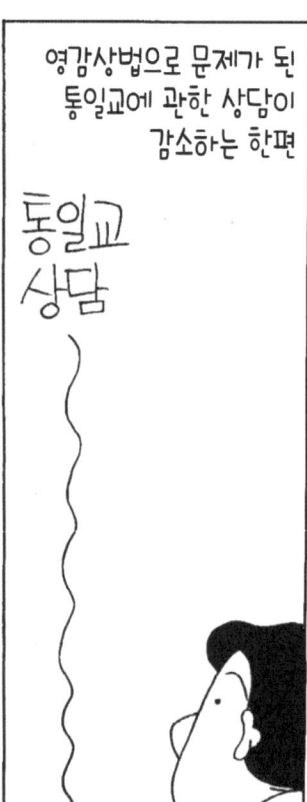
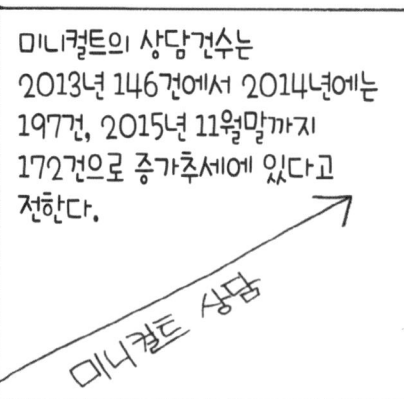

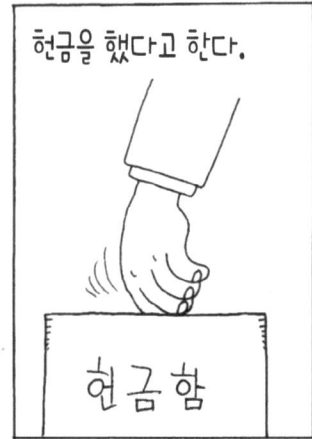

연락을 취할 수 없게 된 일도 있었다고 한다.

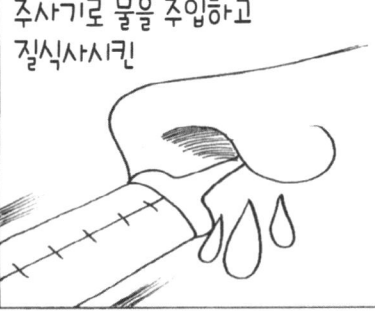
또한 구마모토 현에서는 2015년 1월 악령을 추방한다며 아내의 콧구멍에 주사기로 물을 주입하고 질식사시킨

남편과 주술사가 상해치사 혐의로 실형 판결을 받았다.

도치기 현에서도 2015년 11월 주술사가 당뇨병을 앓고 있는 어린이에게 인슐린투여를
내말 잘 들어!

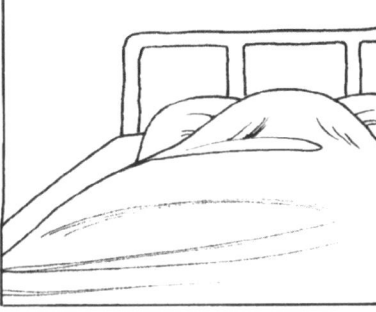
그만두게 하여 사망에 이르게 해 살인 혐의로 체포되었다.

이에 대해 릿쇼우대학의 니시아 교수(사회 심리학과)는
신앙심과 집단심리를 교묘하게 이용하여

사람의 의사는 간단하게 조직되어 버립니다. 위험한 종교가 가까이 있다는 것을 깨닫고 조심할 필요가 있습니다.

미니컬트에 의한 피해는 이웃나라 일본에서만 일어나는 일이 아니다

지금의 한국교회가 빛과 소금의 역할을 제대로 감당하지 못하면 구원을 바라는 사람들, 특히 젊은 세대들은

스마트폰, 인터넷 등을 이용해 교회보다는 다른 어딘가를 찾아 헤맬 수 있다.

그 어딘가가 미니컬트와 같은 모임이 아니길 바란다.
미니컬트

그리고 그로인해 상처받는 사람이 생기지 않기를 바라며 상처가 생기면 교회가 그 상처를 치유할 수 있는 곳이 되었으면 한다.

일본 이단 137

미국 이단

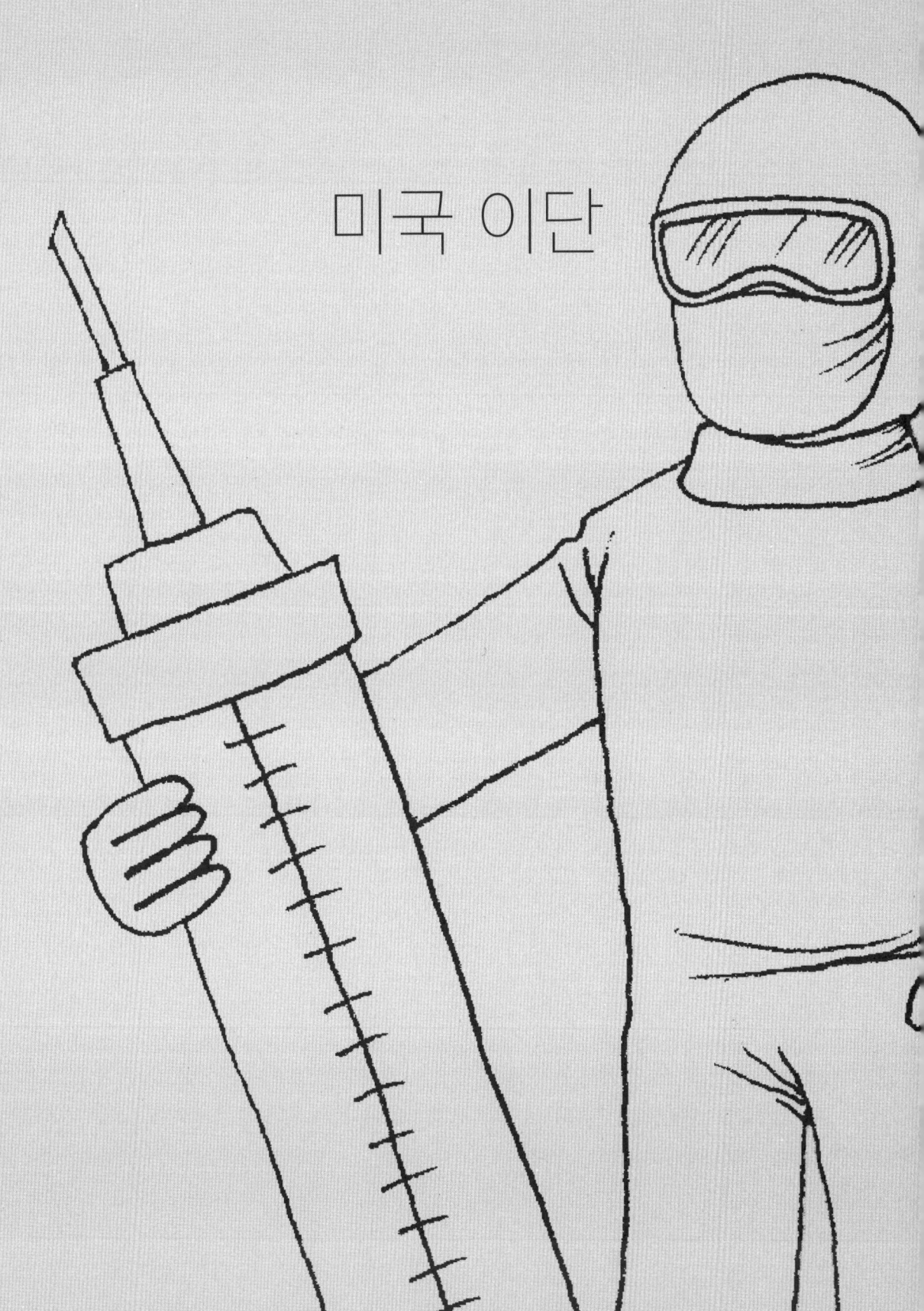

수상한 종교

여호와의 증인은 237개국을 무대로

800여만 명의 신도들이 활동한다고 주장한다.

여호와의 증인 홈페이지에 따르면 2016년 평균 전도인 수는 8,132,358명으로 명시되어 있다.

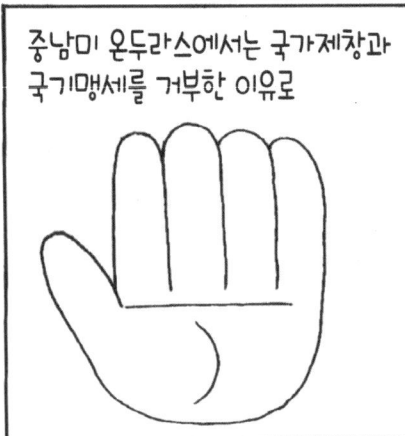

투표하지 않는 종교

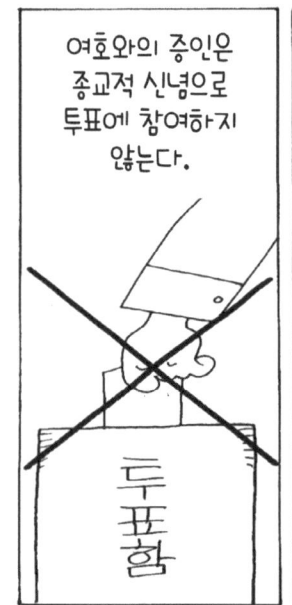
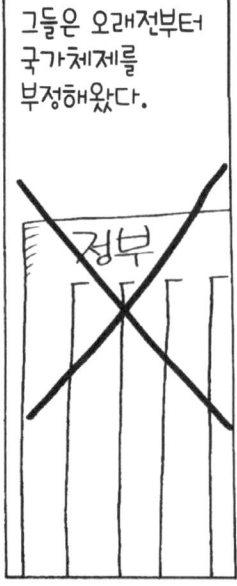

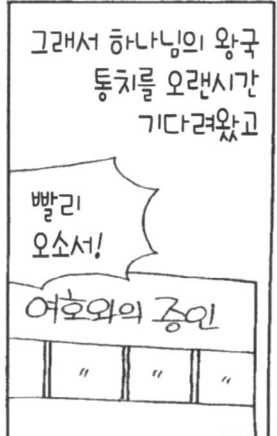

여호와의 증인은 정부가 국민의 필요를 채우지 않고 자신들의 이기적인 욕심을 채우는 곳이라고 비판한다.

그들은 하나님이 통치하시는 완벽한 하나님의 왕국을 꿈꾼다.

그래서 하나님의 왕국 통치를 오랜시간 기다려왔고

빨리 오소서!

왕국의 왕으로 오신 예수 그리스도와 함께

자신들이 하나님의 왕국을 통치할 것이라고 주장한다.

한 여호와의 증인은

한국 사람이 러시아에서 투표하지 않는 것처럼

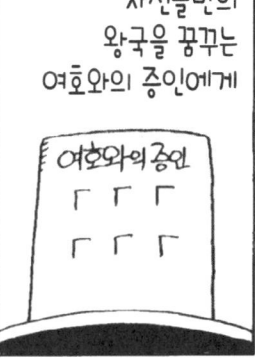

우리 여호와의 증인들도 대한민국에 살고는 있지만

오래전부터 하나님의 왕국에 살고 있기 때문에 투표하지 않습니다.

우리는 이미 예수 그리스도에게 투표한 사람들입니다.

자신들만의 왕국을 꿈꾸는 여호와의 증인에게

국가란 예수님 재림 전까지 임시로 거주하는 거처일뿐

임시로 살 뿐이야.

아무 의미 없는 곳이라는 사실을 알 수 있다.

세상은 아무 의미 없어.

여호와의 증인은 예수님께서 "내 나라는 이 세상에 속한 것이 아니니라(요18:36)"라고 하신 말씀을 인용해

투표거부에 대한 이유를 정당화한다.

예수님이 말씀하셨잖아요!

여호와의 증인은 국가체제거부, 수혈거부, 양심적 병역거부, 학업거부 등 자신들이 주장하는 주요교리를 통해

- 국가 체제 거부
- 수혈 거부
- 양심적 병역 거부
- 학업 거부

사회와 끊임없이 갈등을 일으키고 있다.

그들이 발간한 책 210쪽을 보면

우리는 지상낙원에 서 영원히 살수있다

여호와의 증인

요한계시록 17장과 다니엘 7장의 내용을 인용해

요한계시록 17장

다니엘 7장

짐승같은 정부들이 그들의 권세를 사탄으로(부터) 받았다는 내용을 볼 수 있다.

정부

이런 내용만 보더라도 여호와의 증인이 국가체제를 완전히 부정한다는 사실을 알 수 있다.

여호와의 증인 / 정부

결국 여호와의 증인의 국가체제 부정에 대한 신념이

국가 인정 안해!

여호와의 증인

오랜 시간 그들을 투표하지 않게 한

투표

주된 원인이라고 볼 수 있다.

보기는 잘 보네!

여호와의 증인

여호와의 증인은 정치제도권이나

사회적으로 문제를 일으키거나

분쟁에 휘말리지 않는다고 주장한다.

여호와의 증인

그들은 이 나라에 임시거주자 형태로 살면서

우린 나그네야!

여호와의 증인

세금도 잘 내고

비양심적 병역거부

대법원이 양심적 병역거부자에 대해 무죄 판결을 내렸다.

2004년 양심적 병역거부자에 대해 유죄 판결을 내린지 14년 만이다.

그간 양심적 병역거부를 핑계 삼아 국가체제를 부정하는 교리적 신념을 지켜온 여호와의 증인 신도들은 환영했다.

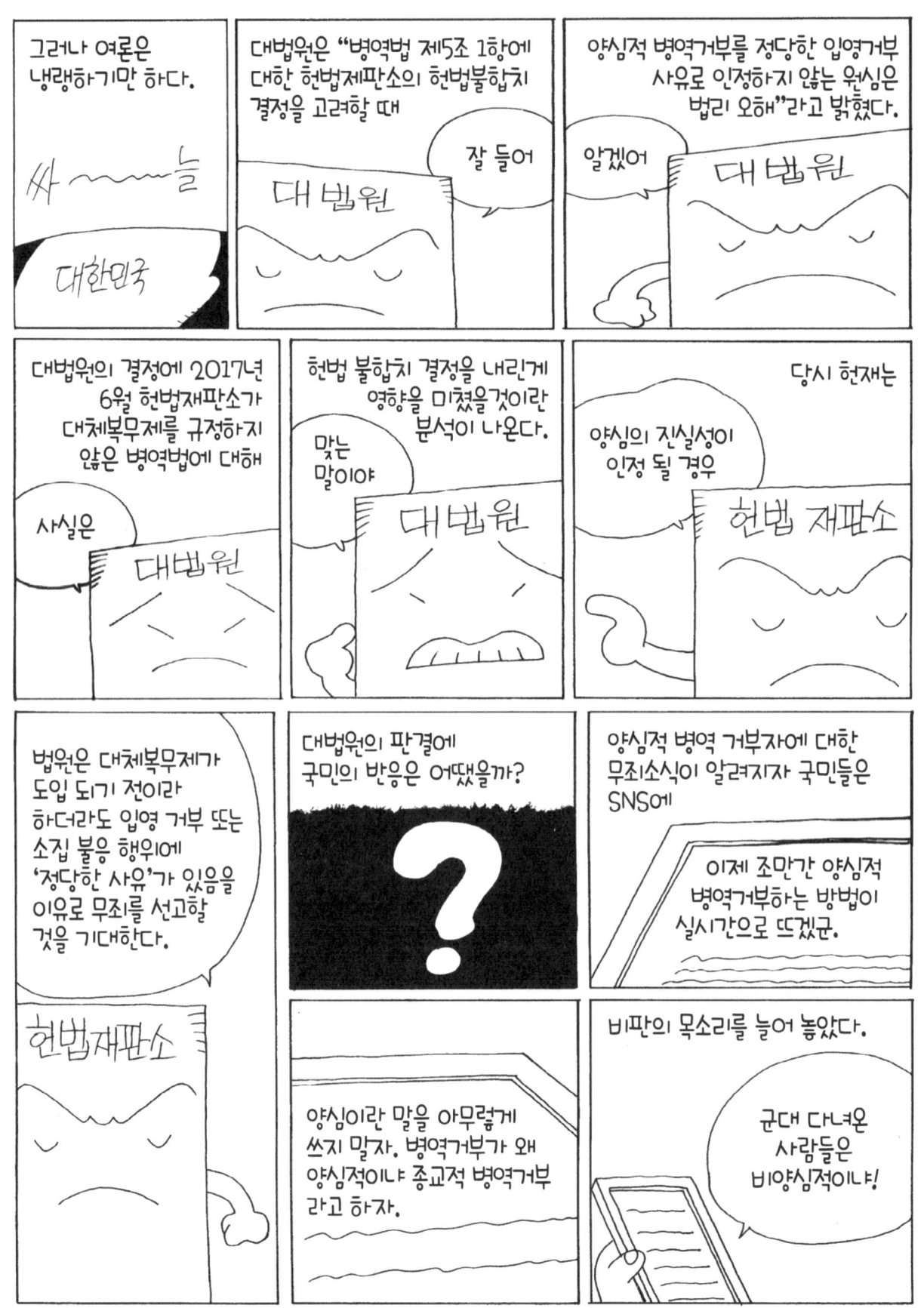

나 몰라라

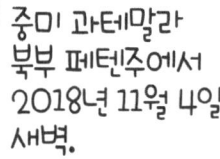
중미 과테말라 북부 페텐주에서 2018년 11월 4일 새벽,

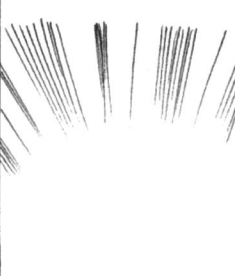
여호와의 증인 신도로 보이는 일본인 여성 한 명이 사망하고 한 명이 중상을 입은 사건이 발생했다.

현지 언론에 따르면 사망한 여성은 키모토 유리카씨(26)로 일본 가나가와현 출신의 플루티스트였다.

중상을 입은 여성은 모로사와 치에씨(28)로 칼에 찔린 자상으로 병원에서 치료를 받았다.

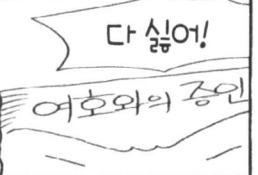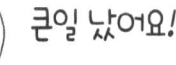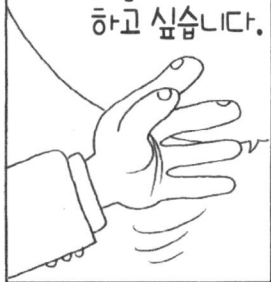

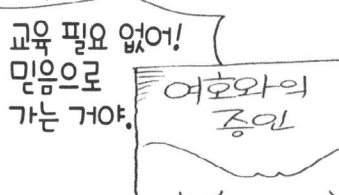

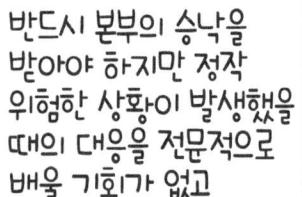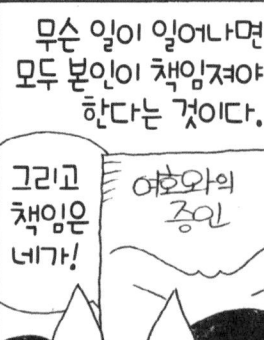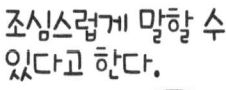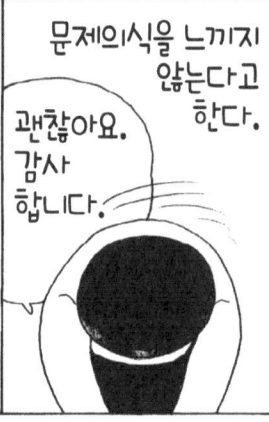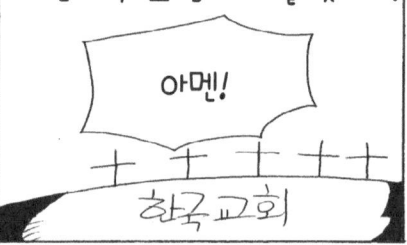

몰몬교, 진리가 아니다!

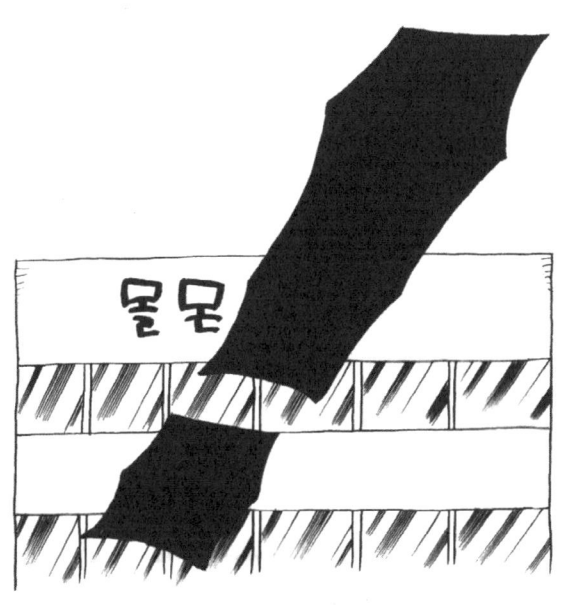

영국예수그리스도후기성도 교회 중책을 맡기도 했던 톰 필립스씨는	예수그리스도후기성도 교회 대표자 토마스 스펜서 몬슨씨를 사기 혐의로 제소했다.	그는 몰몬교의 오류 7가지 항목을 제시하며	몰몬교가 잘못된 교리로 부당하게 이득을 취했다고 주장했다. "몰몬교 교리는 잘못 되었습니다."

영국에서 2006년에 발효된 관련법령에 따르면 수익을 목적으로 이득을 취하거나

타인에게 손해를 입힐 원인을 제공하는 행위를 금지하고 있다.

이를 위반했을 경우 최고 10년의 징역에 처할 수 있다.

필립스씨는 영국 몰몬교가 2007년 이후 2억 570만 달러에 상당하는 현금을

신도로부터 걸어왔다고 말했다.

그에 따르면 몰몬교에서 십일조는 신도의 의무다.

법원이 확인하려는 사실은 필립스씨가 지적한 잘못된 교리로

부당한 이득을 취득했는지 여부다.

엘리자베스로스코 치안 판사는 필립스씨가 지적한 7가지 교리에 대한 사실을 확인하겠다고 소환장을 통해 전했다.

문제의 교리는 다음과 같습니다.

1. 이집트인의 파피루스에 기록된 아브라함경을 조셉스미스가 직접 번역했다.

2. 고대의 금판에 새겨진 몰몬경을 조셉스미스가 번역했으며

몰몬경은 지구상에서 가장 정확한 역사적인 기록이다.

3. 미국 원주민들은 기원전 600년전에 이스라엘을 떠난 유대계 가족에게 유래했다.

4. 조셉스미스와 하이럼스미스는 1844년 몰몬경에 대한 증언을 거절하여 죽임을 당했다.

5. 노부익스포지터로 불리는 일리노이 신문은 조셉스미스에 대한 잘못된 기사를 써서 폐간됐다.

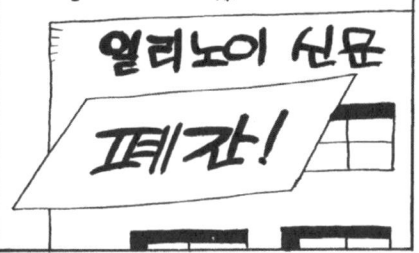

일리노이 신문 폐간!

6. 6000년 전에 지구에는 죽음이 없었다.

7. 오늘날의 모든 인류는 약 6000년 전에 살았던 두 사람으로 부터 유래했다.

몬슨씨는 현재 몰몬씽크라는 몰몬교 비평 홈페이지 관리자로 활동하고 있다.

몰몬씽크는 몰몬교 신도에 의해 운영됐지만

몰몬씽크에 오신 것을 환영합니다!

주요 몰몬교 교리에 대한 찬반 논쟁자료를 중립적 입장에서 제시한다.

<몰몬교 교리 논쟁>

몰몬씽크 홈페이지는 소개한다.

몰몬씽크는 주로 몰몬교 신도에 의해 운영됐다.

그들은 교회의 가르침이 역사적으로 확실한지,

몰몬교가 신도들에게 어떻게 가르쳐지는지,

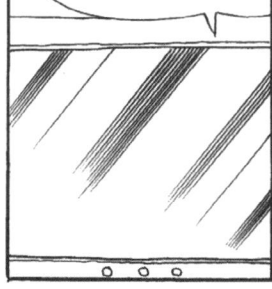

미디어를 통해 몰몬교가 어떻게 묘사되는지 관심이 많다.

홈피에 게시된 자료에 따르면 몰몬교 비판자들은

<비판>
몰몬교는 엉터리다!

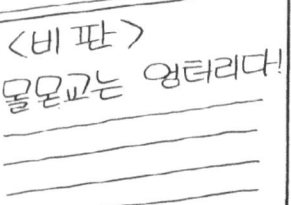

조셉스미스의 아브라함경의 번역이 완전히 잘못됐다고 주장한다.

완전 잘못!

미국 이단

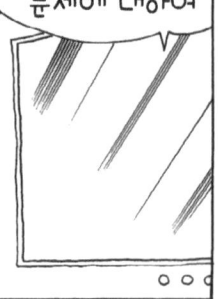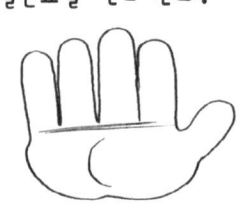

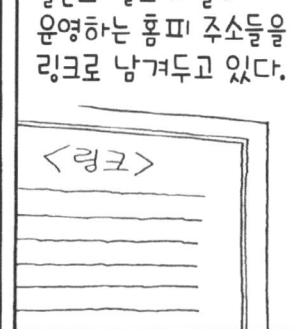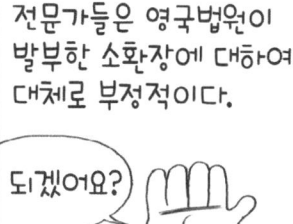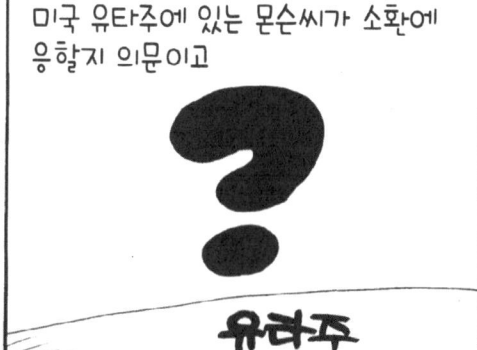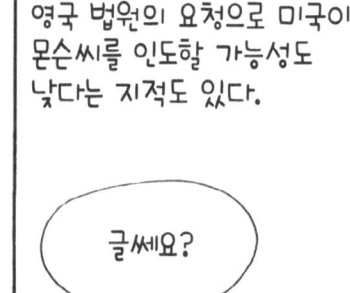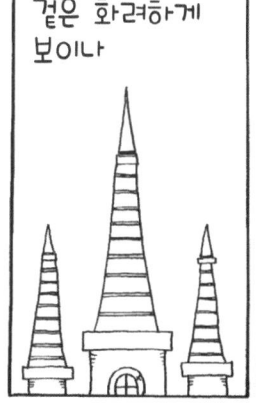

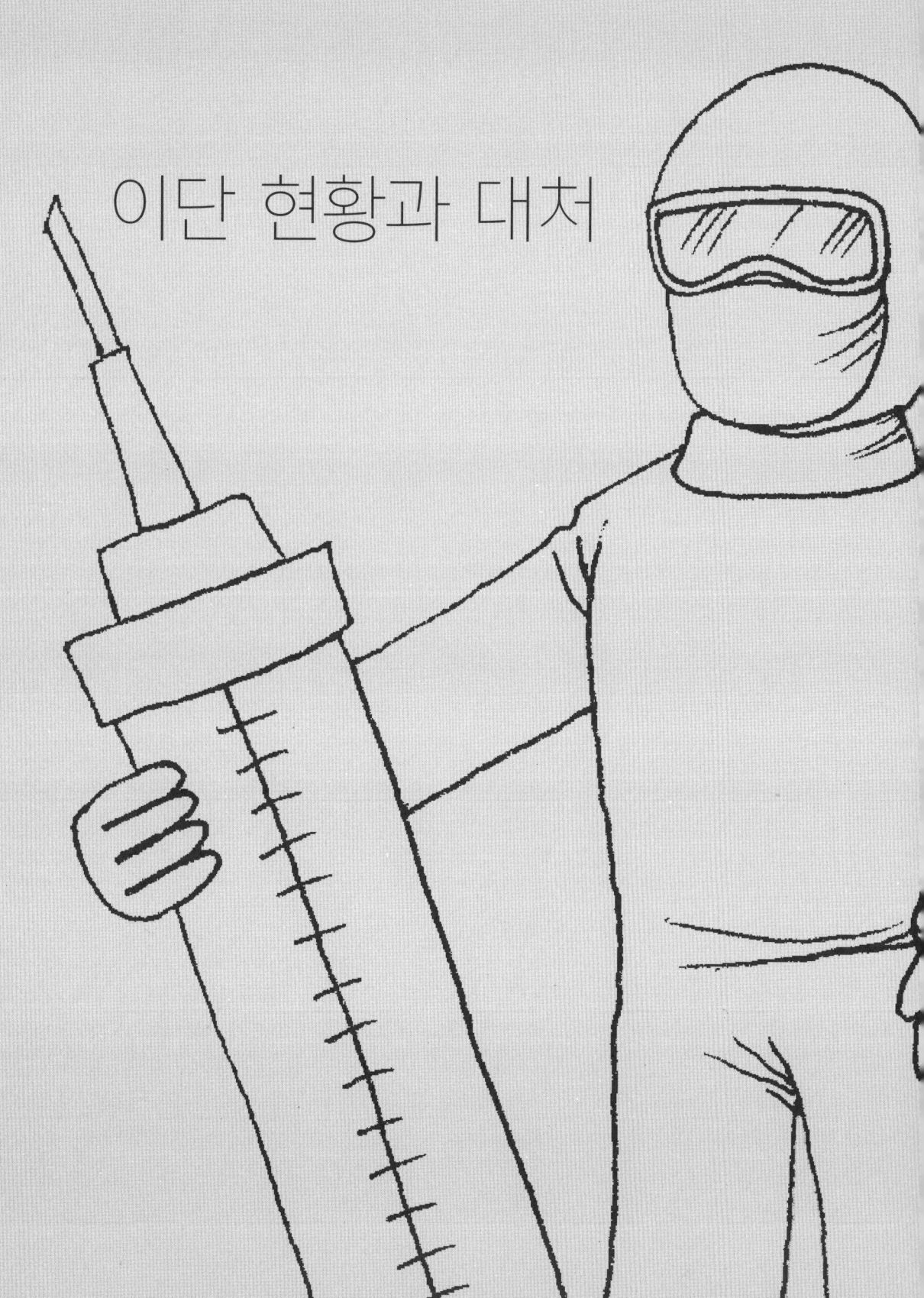

이단 현황과 대처

이단 바이러스 막는 예방주사

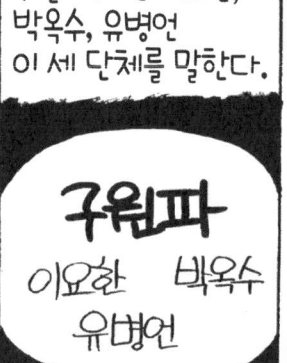
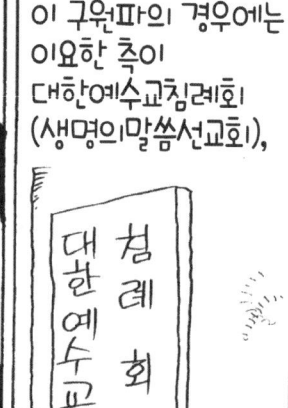
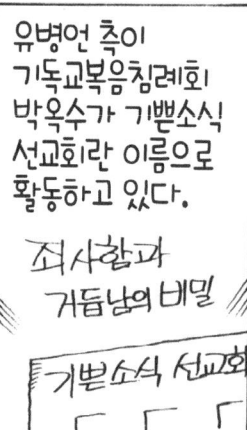

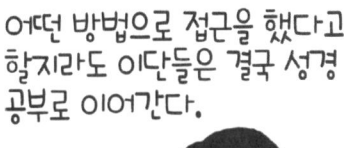

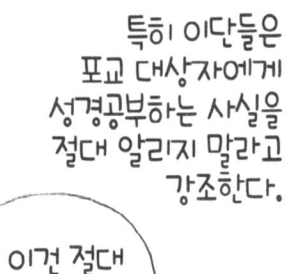

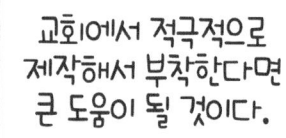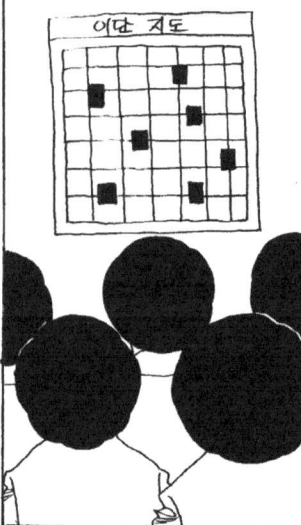

이단의 전략 전술

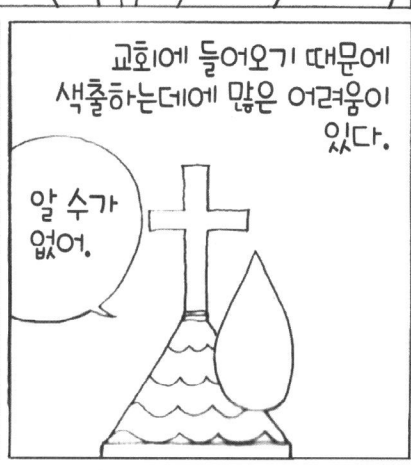

위장 포교, 나빠요!!!

이단사이비의 포교활동이 종교 문제를 넘어 사회적 골칫거리로 전락했다.

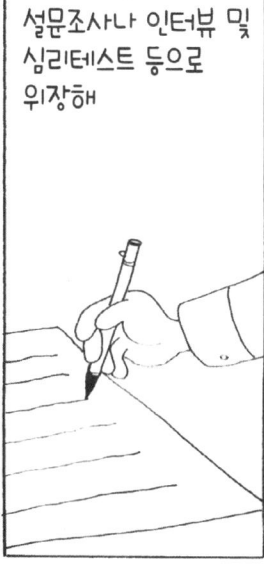
이단사이비가 설문조사나 인터뷰 및 심리테스트 등으로 위장해

개인정보를 수집하고 포교의 수단으로 악용하기 때문이다.

나아가 위장포교에 신뢰감을 높이기 위해

대학가 이단, 그것이 궁금하다

대학가에서 이단이 접근했을 때 정보가 부족해 대처에 어려움을 겪는 경우가 많다.

이단의 포교방법을 몰라서 혹은 잘못된 정보 때문에 더 큰 피해를 입기도 한다.

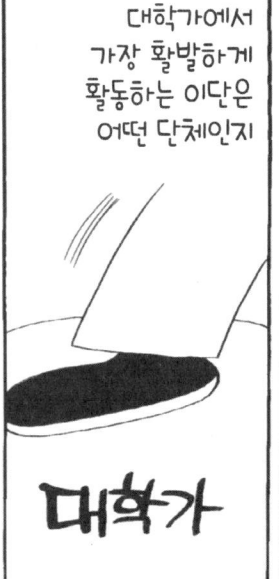
대학가에서 가장 활발하게 활동하는 이단은 어떤 단체인지

어떻게 포교활동을 하는지 미리 알면 예방과 대처에 도움이 된다.

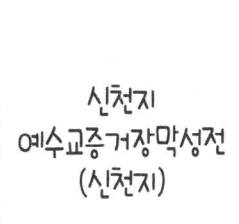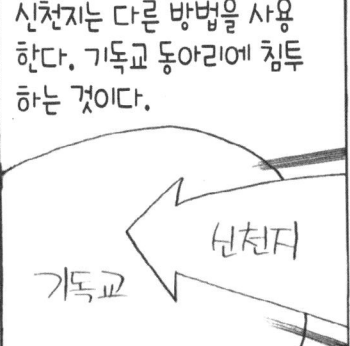

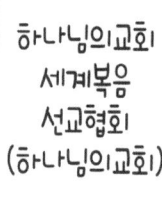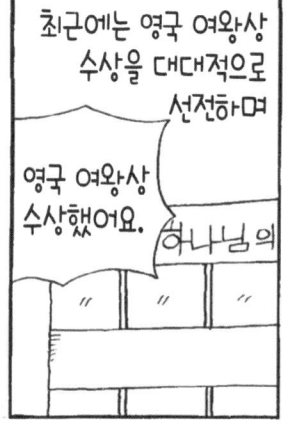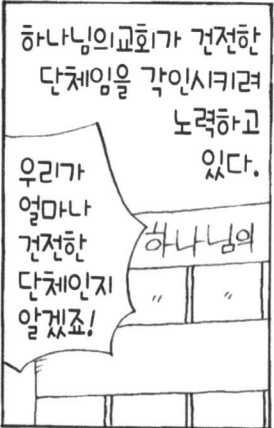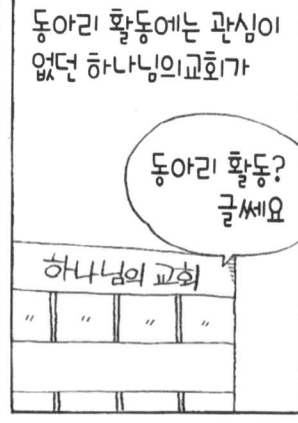

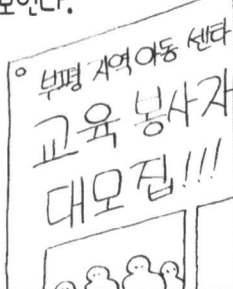

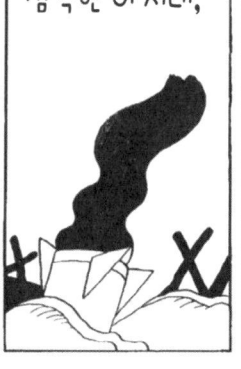

안녕하세요 교주님

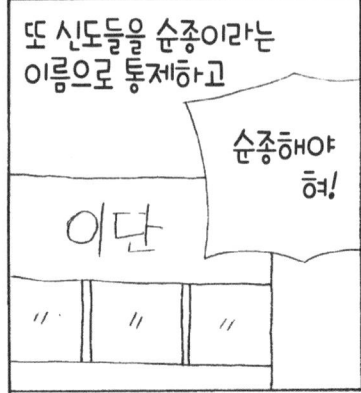
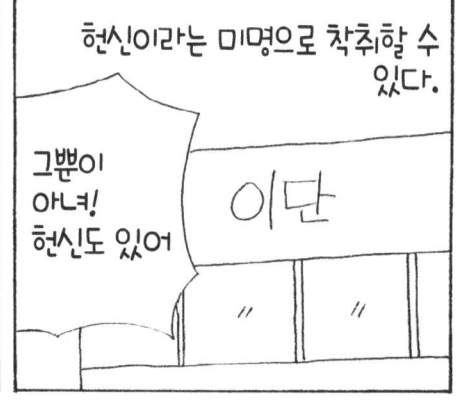

여성이단 전성시대

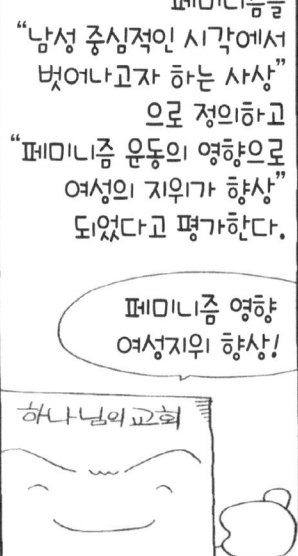

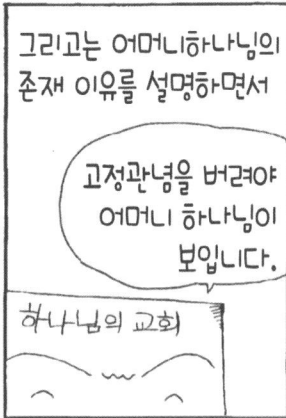
그리고는 어머니하나님의 존재 이유를 설명하면서
"고정관념을 버려야 어머니 하나님이 보입니다."
하나님의 교회

최근 주요 이단들의 후계자들이 대부분 여성인 점이 흥미롭다.

통일교의 재림주이자 6천 년 만에 탄생한 독생녀 한학자.

하나님의교회의 어머니 하나님 장길자.

신천지 보혜사 이만희의 영적 배필로 등장한 김남희

기독교복음선교회(JMS)의 2인자 정조은

중국이단 전능하신하나님 교회(동방번개)의 재림 그리스도 양향빈 등

바야흐로 여성이단 전성시대를 맞고 있다.

전통적으로 가부장적인 한국 사회에서, 가장 보수적이라고 할 수 있는 종교영역에서, 그것도 남성 일색이었던 이단 교주들 사이에서, 여성지도력이 급부상하는 이유는 무엇일까?

여성 지도력

첫째, 국내외 대통령과 총리에 여성 정치 지도자들이 대거 등장하고

사회 핵심지도력으로 여성들이 급부상하고 있는 사회적 분위기와 관계가 있어 보인다.

국내외에서 영향력 있는 여성지도자들에 대한 긍정적인 평가에 무임승차한 이단들이,

신격화된 여성 지도자들을 앞다투며 내세우고 있는 것이다.

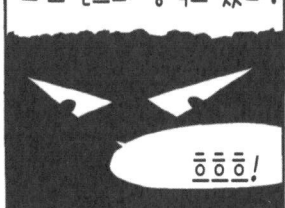
둘째, 이단 단체에 소속된 여성신도들을 효과적으로 통제하기 위한 퍼포먼스의 성격도 있다.

가정을 위해 가정을 포기한 여성신도들이 남편과 자녀들을 버리고 가정을 떠난 무책임한 아내와 엄마가 아니라

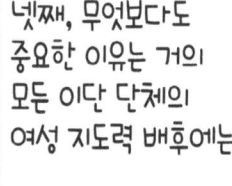

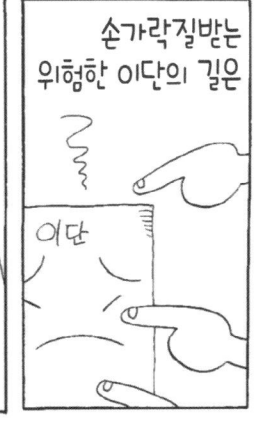

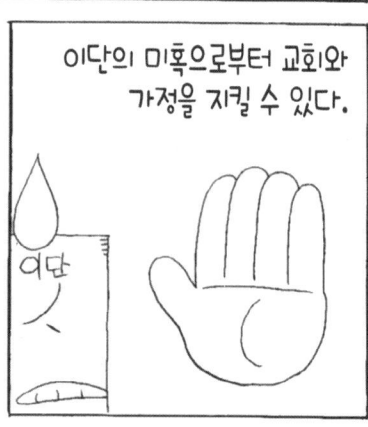

이단 대물림

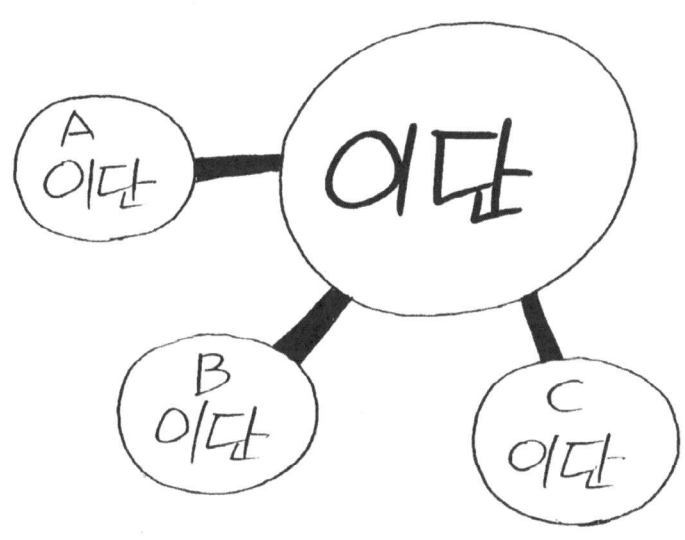

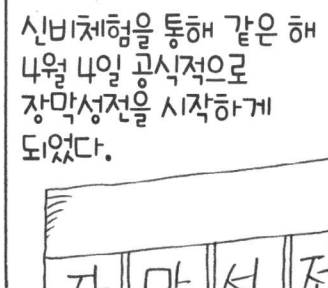

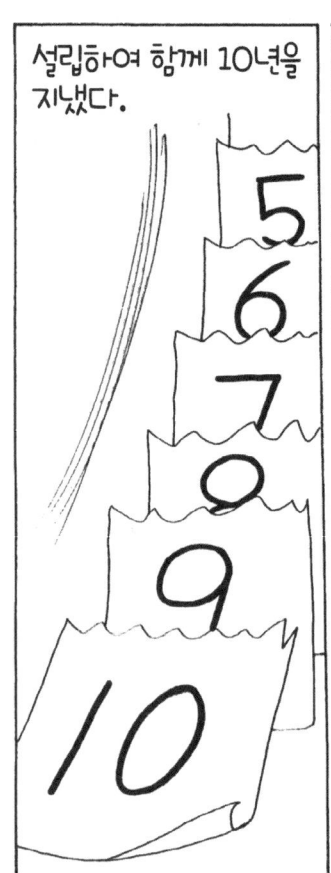

돈이면 다 되는 세상

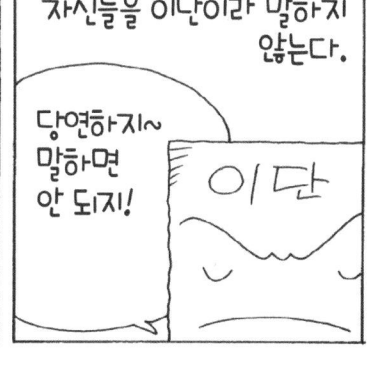

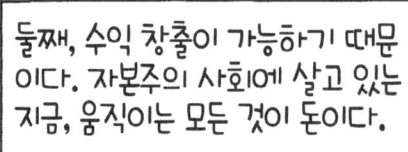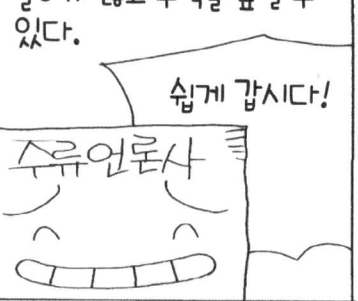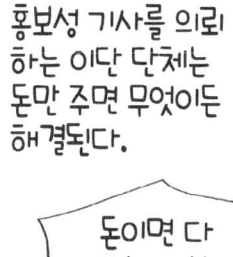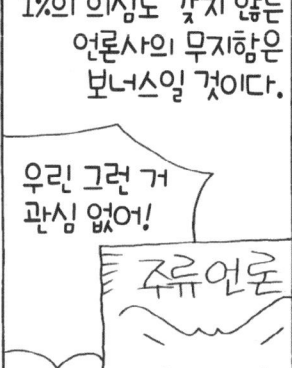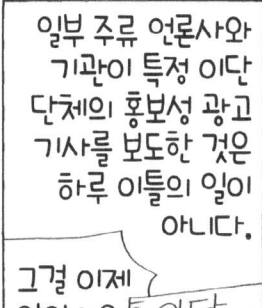

이런 언론이 좋아?

후후! 우리 이런 데에요!

본지는 공신력 있는 주요 언론들이 하나님의교회, 신천지 등 이단 단체의 홍보기사를 게재한 것에 대해 지속적으로 문제를 제기해 왔다.

정신 차려야 합니다!

현대 종교

「미디어오늘」이 하나님의교회와 「동아일보」의 12억 거래 기사를 보도하면서 교계, 사회와 언론에 큰 파장을 일으키고 있다.

「미디어오늘」에 따르면 「동아일보」 출판국이 2019년 1~6월 상반기에만 하나님의교회 세계복음선교협회에서 받은 돈이 12억 이상이라고 보도했다.

와! 돈 벌었다!

동아일보

만화로 보는 이단 예방

초판 1쇄 펴낸날 2020년 7월 15일
초판 5쇄 펴낸날 2025년 7월 25일

펴낸이 탁지원
펴낸곳 현대종교
엮은이 현대종교 편집국
디자인 차순주

등록번호 제 306-19890-3호(1989. 12. 16)

주　소 12106 경기도 남양주시 순화궁로 249, M동 1215호
(별내동 파라곤스퀘어)
T.031)830-4455~7　　F.031)830-4458
www.hdjongkyo.co.kr
e-mail: hd4391@hdjongkyo.co.kr

ISBN 978-89-85200-16-5 (03230)

값 12,000원

- 잘못 만들어진 책은 교환해 드립니다.
- 본사의 허락없이 본서 내용의 전재·모방·일부 게재를 불허함